WIN LESS

逆势
助华为突破僵局的降维谈判法

谈判

李雪松 / 著

GET MORE

北京联合出版公司
Beijing United Publishing Co.,Ltd.

图书在版编目（CIP）数据

逆势谈判 / 李雪松著. — 北京：北京联合出版公司, 2021.2
ISBN 978-7-5596-4791-7

Ⅰ.①逆⋯ Ⅱ.①李⋯ Ⅲ.①商务谈判 Ⅳ.①F715.4

中国版本图书馆CIP数据核字(2020)第248920号

逆势谈判

作　　者：李雪松
出 品 人：赵红仕
责任编辑：李　伟
封面设计：红杉林

北京联合出版公司出版
（北京市西城区德外大街83号楼9层　100088）
北京时代华语国际传媒股份有限公司发行
北京盛通印刷股份有限公司印刷　新华书店经销
字数250千字　880毫米×1230毫米　1/32　10.25印张
2021年2月第1版　2021年2月第1次印刷
ISBN 978-7-5596-4791-7
定价：56.00元

版权所有，侵权必究
未经许可，不得以任何方式复制或抄袭本书部分或全部内容
本书若有质量问题，请与本公司图书销售中心联系调换。电话：010-63783806

献给我的父母

李连华先生和周慧芳女士

赞誉

本书虽侧重商业谈判，但其方法对律师的工作有参考意义。推荐本书选入中国人民大学律师学院法律硕士（律师方向）研究生参考书目。

—— 中国人民大学律师学院院长　刘瑞起

谈判在商业合作中有着举足轻重的作用，高质量的沟通是谈判成功的基础。本书从如何了解对方的需求，如何挖掘和重构交易价值，如何建立健康的谈判心态……多个角度，通过总结作者本人的亲身体会及作为多年谈判顾问的丰富心得，结合大量翔实生动的案例，帮助我们从商业的本质去理解谈判。谈判不是相互对抗，而是对双方的重新赋能。成功的谈判不是"一锤子买卖"，而是共赢和可持续的商业伙伴关系的新起点。希望你不仅仅能从本书中学会一些谈判的实战技巧，还能对于谈判和商业有进一步的思考和领悟。

—— 爱立信中国总裁　赵钧陶

最初在惠普工作期间，我参加了沃顿商学院的经典谈判策略课程，从那时起就开始对谈判产生了浓厚的兴趣，并意识到谈判在工作和生活中的很多妙用：既可以化解冲突，还能提升价值；既能解决问题，还能维护关系。雪松在我的团队工作期间就展现出很多销售和谈判的天赋，这本《逆势谈判》是作者多年的经验总结和复盘思考，同时辅以很多生活中的小案例以帮助

大家理解。从高维的角度挖掘谈判的本质，从低维的角度呈现谈判的技巧，
高举低打，融会贯通，希望雪峰的书能帮你开启全新的谈判视角。

——J.D. Power 君迪中国区总裁　苏骏

李雪松先生是我的多年好友，也是在商务谈判领域征战多年的老兵。
本书是作者通过多年实践和思考沉淀下来的果实，向我们呈现了严谨而完
备的谈判理论框架，并通过多领域跨文化背景下的有效实践，进行了举例
和论证，这是一本能帮助你在谈判中拥有升维视角的诚意之作。

——OPPO 全球副总裁　束灿

凭借多年在全球各地所积累的商务谈判实战和教学经验，李雪松先生
的这本书能启发并帮助每个人挖掘自己在工作和生活中的谈判潜力。

——NBA 中国全球合作伙伴副总裁　杨晓刚

人心惟危，道心惟微，人生无处不谈判。在经济社会，谈判是一种商
业手段，更是一个商业过程，谈的目的不是结束游戏，而是将游戏持续
下去。显而易见，雪松在描述种种精妙的谈判技巧和策略的后面，秉持的
是这样的思维框架。

——光辉财智管理咨询总经理、前 Korn/Ferry 全球合伙人　田文智

谈判的本质是对冲突的处理，不是要赢得争论或说服别人从你的立场
考虑问题，而是有商有量地解决问题。凭借着多年的谈判实战经验和对理
论的精通，周游全球的谈判培训经验，以及丰富的人生阅历和广博的跨界
知识，雪松为我们呈现了一本不可多得的、凝聚谈判的"道与术"的精华作品。

本书具有很强的可读性,不仅适用于谈判的场景,对所有需要处理冲突的情景都同样适用。

——诺和诺德大中国区人力资源与企业交流副总裁　王淑红

作为一家民营 500 强企业的 CFO,我组织并主导过无数个大大小小的谈判,包括与政府、国企、民企、外企、中介机构及内部员工等,深知经营管理企业之不易,投资、融资、兼并重组、研发、采购、生产、管理、销售、运营、财务等任何一个环节都容不得半点马虎,并为之倾注了大量的精力和心血。正如书中所说,谈判桌上的一个不小心,就有可能错失良机,或者因急于求成做出过多让步,而使企业失掉实打实的利益。书中既有让人耳目一新的哲学思辨,又有作者多年所经历的各类谈判场景的感悟。越细细品味此书,越发觉得作者深谙谈判之道、谈判之魂、谈判之要。希望这本书可以帮助更多的企业家和谈判专业人士,为谈判做好系统准备,更全面地理解谈判、思考谈判,从而实现自己的每一个谈判目标。

——淮海控股集团高级副总裁、总会计师　韩运震

谈判是一种双赢的交易艺术,也是一门饱含人生经验智慧的学问。在大作《逆势谈判》中,李雪松先生通过深入浅出、娓娓道来的梳理和引导,使得谈判成了一种令人耳目一新的工作理念和极易上手的实用技能。

——OPPO 首席法务官　陈郴

千行百业,云泥鸿爪,谈判其实存在于工作、生活和家庭的每个角落,谈判其实也是一种面对和解决冲突的工作方法。什么是谈判,何以论输赢,如何运用手中的资源在逆势下争取到好的结果?这是我们每天都要面对的

问题，而《逆势谈判》一书则给出了答案和线索。作为笔者的多年好友，依稀看到书中俯仰之间穿起多年销售、创业、管理、培训乃至育儿交友的颗颗珍贝，娓娓道来，丝丝入扣，把不经意间的举动归纳成体系的思维方式和沟通技巧，历久弥新，百炼成钢。

—— 高通业务发展高级总监　马海龙

深入浅出，生动实用！两天半交互式培训，是我参加过的最好的赋能课程之一。课程不仅仅提升了我们的专业能力，更重要的是改变了大家的思维习惯，而这种改变将会在生活的方方面面，给我们带来意想不到的惊喜。每一次的逆境和冲突其实都是深刻洞察他人、洞察世界、洞察自己的机会，抓住这些机会就能不断优化自己的判断和选择。

—— SAP 亚太区采购总监　赵阳阳

谈判是采购工作当中非常重要的一个环节，好的谈判可以解决双方问题，甚至扩大整体收益。李雪松先生是我的业务伙伴，也是我的多年好友，他在谈判中展现出来的合作态度和创新精神让人如临秋水、如沐春风。希望李雪松先生的这本书也可以帮助你不再惧怕谈判，甚至是通过谈判来改善交易，加强关系。

—— 诺基亚大中华区采购总监　肖洪涛

大前研一在《专业主义》中这样定义专家："他们从基础知识开始进行系统学习，亲身实践，对新事物反复消化并不断积累经验；经过持续的训练，他们能够把自己学到的知识传授给别人。他们绝不认为自己的本领是绝对的，而是准备花费一生的时间去磨砺自己，并且乐此不疲"。我认为李雪松先生正是如此认知，也是如此践行的。在多年国际市场谈判生涯中，他是我所遇到为数不多具备如此视野、能力、和勇气的开拓者。

——中兴通信市场商务总监　王蒙

通过阅读本书，我们看到谈判不仅仅是思维的博弈，更是战略和格局的博弈。谈判是科学，更是艺术。一个谈判高手需要反复地锤炼理论，更需要亦步亦趋地践行。这是一本好书，值得每一位职场人细细品味。

——LinkedIn 中国市场及公共关系总监　黄雷

谈判桌和足球场一样，都是实践出真知的地方。这本书非常系统地构建了谈判的框架，也向我们展现了切实可行的实用技巧，可以作为指导你在谈判桌上提高表现的教练，其中一些也可以应用在球队的管理和经营之上。

——前中国国家足球队队员、北京市足球协会副主席　李明

谈判和火箭一样在大众看来都是比较有神秘感的领域，都需要专业的知识和不断地试错。不过谈判技巧又不同于火箭科学，谈判一面是科学，一面是艺术。本书为我们揭开了谈判的神秘面纱，让我们对谈判室中的跌宕起伏窥得一二，很有趣味的同时也收获颇丰。

——星河动力联合创始人　夏东坤

谈判看似是一个有些高冷的话题，不想读完此书后发现原来谈判隐藏在我们工作生活的方方面面。作为一个人工智能的教育工作者，非常理解做得好不等于教得好，雪松老师在谈判领域的专业知识和教学经验都是经过多年的打磨，向着一座山峰持续冲锋，从理论到案例读起来都觉得酣畅

淋漓。快来跟雪松老师学习谈判吧，你一定不会失望！

—— 商汤科技教育事业部总经理　戴娟

人类的语言是一个非常复杂的系统，也是人类智慧的结晶。自然语言处理是人工智能中最为困难的问题之一，谈判更是诸多沟通场景中非常有挑战性也充满魅力的一个方面，这本书从不同维度阐述了谈判的本质，非常精彩，令人深思。

—— 科大讯飞人工智能研究院常务副院长　刘聪

谈判是商业中非常重要的一环，也是特别容易被忽略的技能。究其原因可能是源于谈判场景千奇百怪、瞬息万变，谈判技巧也难以琢磨、难以总结、难以传授。在众多教授商业实践和职业技能的书籍中，李雪松先生的这本《逆势谈判》可能是最具实操性，行文最流畅的一本，非常值得一读！

—— 雷士户外照明总经理　朱祥

谈判是商业世界中非常重要的一个环节，而以技术、产品优势取得成功的互联网公司及创始人高管团队往往对谈判领域较为生疏。随着头部互联网公司不断向"To B"领域进军，行业市场越来越细分，越来越专业，创业者和职业人需要更深入、更系统地掌握商业世界的知识和技能，而谈判就是其中非常重要的环节之一。雪松在这个领域浸润多年，他的这本书非常系统地讲述了谈判的框架和结构，同时用大量的案例引出了实用的技巧，是一本很好的学习商业谈判的工具书。

—— 百度学习发展负责人　赵一丁

有幸参加了李老师亲授的两天半的"谈判训战",这是我职业生涯中收获最大的赋能课程。我个人对本书中所讲述的理念和技巧非常认可。更重要的是,不管在课堂上还是本书中,都不是执迷于理论知识的讲授,而是专注于实战技巧的练习和精进。快点儿打开这本书,这是改变自己的开始。

——阿里云运营商行业总监　房亮

谈判无处不在,既会影响商业上的合作,也会影响家庭和朋友的关系。好的谈判不但会化解冲突、达成共赢,也会增进人际关系。本书很好地兼顾了谈判的理论性和实用性,同时结合雪松多年的实战和教学经验,具备很强的可读性。读者通过本书既可提升谈判的系统性思维,又可通过具体案例强化实践能力,也可以本书为镜,检视自我。

——理想汽车采购负责人　孙广敏

纵横捭阖的谈判术,扭转乾坤的方法论。李雪松先生的这本《逆势谈判》从价值的角度去考虑谈判,从投资的角度去考虑让步,推荐阅读!

——名川资本创始合伙人　王求乐

谈判是技术,也是艺术。法律知识只是谈判的手段和底线,顺势谈判需要把握大势顺势而为,逆势谈判则更考验在对抗中的情商和平衡。

——天咨律师事务所创始合伙人、主任　Luka Lu

谈判在法律工作中占有极其重要的地位,无论是交易、诉讼、仲裁,还是和解,都需要用到谈判技巧;不管是交易律师,诉讼律师,还是企业法务人员,都需要具备谈判思维以解决各方的问题。这本书满足了法律谈判类教材亟待填补之需，帮助法律工作人员提升谈判技能，阅读李雪松的著作是让你信心十足地走向谈判桌的第一步。

——国际体育仲裁院仲裁员、北京观韬中茂律师事务所高级合伙人　安寿志

Negotiation is not about winning the argument but resolving conflicts and enabling both parties, it is not about distribute value but also about create value. Negotiation is a critical element in business. Robi is my go to guy in this area and I always count on him to help me achieve the best outcome I can get.

谈判的核心不在于赢得口舌之争，而在于解决双方的问题，并对双方进行赋能。谈判不只是关于利益的分配，也在于创造新的价值。谈判是商业中至关重要的元素，当我遇到谈判相关问题时，总会寻求李雪松先生的帮助和建议，以达成最优的结果。

——中国北欧创新创业基地首席执行官　林水灵（Felicia Lindoff）

推荐序：谈判是一种思考模式，而不是对话方式。

"Win Less – Get More" brings to you the essential of negotiations from a new perspective. The interdependence of business – due to globalization and accelerating specialization implies that in today's world, no business stands on its own. Hence, the skills of negotiations have become key for developing any business. Through eight chapters, the book opens the mind of the prospective negotiator. In a very clear and concise manner, the basics and more advanced features of negotiations are presented. Importance is given to the sustainability of your future business relations – you may think that you need to win your negotiation, but unless you have a strategy assuring a 'win-win' situation for both parties – you will not be able to maintain your business in the long run.

How to deal with your emotional settings and how to develop your skills. Those aspects and many more are covered by this excellent book, filling an essential gap in for business life. In particular, the uncertainness of the world, business life that is at the foundation of every negotiation. There is no single or correct outcome – one has to access. The author introduces the concept of his Alma Mater, 'Science and Art' – as a motto for negotiation. It is a science when you opt for that approach, but it also relies on your personal skills – your art, and both can be acquired and developed. The book is complemented with illustrative examples. 'Negotiations is a way of thinking, not talking.' I want to give the best remarks to this outstanding book – a must for anyone who is serious about improving her/his business career.

  《逆势谈判》这本书能帮你从全新的角度思考谈判的本质。由于全球化和专业化的加速,商业世界变得更加相互依存了,而这意味着在当今世界,没有一家企业是独立存在的。因此,谈判能力已经成为开展任何业务的关键。本书通过八个章节,帮助未来的谈判者打开了他们的思想,并以非常清楚和简明的方式,介绍了谈判的框架和精髓。业务关系的可持续性在未来将变得至关重要,你可能认为自己必须要赢得当下的谈判,但除非有一个策略,能确保双方达成"双赢"的结果,否则你就无法长期维持自己的业务。

  如何处理你的情绪、如何拓展你的技能……这本优秀的书籍触及了商业活动中的很重要的空白之处。基于谈判的商业本质,所有人都应该意识到,在面对当下世界的不确定性时,谈判并非只有唯一的正确结果。

  作者毕业于瑞典皇家理工学院,并一直将本校的校训——"科学与艺术",视为从事谈判工作的座右铭。如果你愿意借鉴这一点,那么就应该意识到,谈判既是一门研究客观知识的科学,同时它也一门依赖于个人技能的艺术。这两方面都可以在后天习得,并通过努力不断得到提升,对此本书提供了很多说明性的例子作为补充。切记,"谈判是一种思考模式,而不是对话方式。"

  我想给予这本杰出的书最高的评价,对于任何想要认真改善自己商业经营和职业生涯的人来说,这本书都是必需的。

——瑞典皇家理工学院前副校长拉蒙·维斯(Ramon A Wyss)

前言

近两年,"谈判"这个词越来越频繁地出现在媒体报道和电视节目当中,从一个低频词逐渐变成一个高频词。不过,虽然市面上有关谈判的书越来越多,但大都出自各大高校和商学院的教授之手,主要是从理论层面对谈判进行分析和解读,或者从沟通技巧层面给出建议和方法。然而,在实际工作当中,谈判其实不只是沟通磋商。英文"negotiate"(谈判)一词实际来源于拉丁语"negotiates",原义是商业运作;西班牙语中的同根词"negocios"则指的是工商业。显然,从词源角度考虑,我们可能更容易理解谈判的本质——谈判是在商业环境中化解冲突和解决问题的手段,后来则逐渐演化成一种适用于多种场景的冲突管理方法。

有人说谈判是世界上赚钱最快的方式,但同时谈判也是世界上赔钱最快的方式。公司投入了大笔的资金、大量的优秀人才,进行了数年的研发;用高薪聘请了职业经理人对公司进行卓越管理;在生产、市场、销售、运营各个环节严格控制成本;然而,它很可能会在谈判桌上一掷千金、毫不手软。除了商业领域,在生活中,谈判其实也无处不在。幸运的是,大家也逐渐意识到,谈判在日常生活和职业发展中所能发挥的重大作用。不过,根据我们的调查,谈判仍是现代商业和职场中最容易被忽略的技能,很多人也因此付出了不菲的代价。

大家可能都听过"一万小时定律"。在理论科学研究领域,科学家必须将"一万小时"用在理论研究和公式推演上;在谈判这样的经验科学领域,这"一万小时"要花在谈判桌上才更有价值，读两本书或听几堂讲座是很难有明显提高的。本书的目的和挑战是把枯燥和繁杂的商务谈判过程如实且生动地呈现给读者，帮助大家在学习谈判技巧的同时，还能从商业本质的角度去理解和思考谈判。

本书中的立场和案例会尽力公允和尊重事实，不会为了印证某个观点牵强附会或夸大其词。在教学过程中，为了教学效果和便于记忆，人们往往会使用一些比较"极端"和"特别"的案例，我在课堂上也会用到类似的手段，但本书则力求从实际出发，尽量还原谈判室里的真实情况。另外，本书也不会纠结于各种玄妙的理论，我还是希望能从实操和便利性上引领大家一起认识问题和解决问题。

在从事商业谈判的专业培训和咨询之前，我在瑞典爱立信公司供职多年，主要从事过服务、咨询、管理、销售等方面的工作。爱立信是一家大型的通信设备制造商和服务提供商，拥有三个世纪的历史，是世界上最长寿的高科技公司之一。一般人可能很难想到，爱立信涉足中国市场的时间超过120年。当时，我的工作就是向世界各地的电信运营商（包括大家熟知的中国移动、中国联通、中国电信）提供网络基础设施和专业服务。不过，我和其他销售人员所面对的情况是有些不同的，因为这是一个很封闭的市场，全球现在一共只有几个寡头玩家，中国的华为、中兴，北欧的爱立信、诺基亚。因此，我的主要工作其实并不是要把产品和服务卖给更多的客户，每年的销售任务也不会有太大的波动。我们通常一年就忙着签几个合同，其金额大致是几十亿这样的数量级。这么说，你可能理解起来更容易一些，我每年的工作重点其实不是销售，而是谈判，即如何跟客户谈判以拿到更好且双方都能认可的合同条款，如何在无休无止的内部会议中通过谈判让不同的部门都能认可我们的方案，并给予我们需要的支持。通过摸爬滚打，我从最初坐在会议室最远端不敢说话的技术支持，到后面可以带领技术、服务、产品和商务团队出席集团项目商务谈判的销售代表，其间确实积累了不少心得体会。应该说，无数次失败是很折磨人的，不过这也是人们学习一件事情的最好方式。

后来苏格兰坊联系到我，希望我做他们的谈判顾问，并特别指出他们有一个非常重要的中国客户，需要一位熟悉通信领域的专家，条件是必须能用中英双语授课和不介意全球空降，另外还可能会进入一些危险的地区。我马上明白这个重要的客户可能是华为，我不介意全球出差，不过对苏格兰坊的业务和方法并不了解，因此就提出，可以先以独立顾问的形式展开合作。苏格兰坊对此没有异议，并邀请我先参加他们的课程，以便了解一下他们的理论体系和咨询方法。当参加完为期三天的苏格兰坊高级谈判技巧工作坊之后，我非常兴奋，也非常懊恼。回想起自己之前在谈判中所犯的种种错误，从工作坊出来的时候我恨不得找个石头跟它谈一谈。之后，我当然毫不犹豫地加入了苏格兰坊，并在爱丁堡、新加坡、香港、北京、上海、深圳等城市接受了为期一年的培训和重造，更系统、更深刻地重新理解了谈判的理论框架和实用技巧，并且在诸位世界顶级谈判专家的帮助下观看和复盘了多个经典的谈判案例。这些人可都是从事了一辈子谈判工作的老家伙，他们对于谈判形势的机敏捕捉和深入浅出的分析让我叹为观止。

在近几年，我每天几乎都在世界各地的谈判室里和全球顶级的商业精英一起探讨和复盘他们的谈判案例，每年要飞行差不多40万千米，相当于绕赤道10圈。不过，里程数和我的收获相比实在不值一提。通过无数次充满能量的讨论，无数个灵光迸发的时刻，在给别人培训和赋能的同时，我自己也在不断地反思和成长。写这些文字的时候，我正在休斯敦飞往布宜诺斯艾利斯的飞机上，默默盘算着如何开始我的分享。这些年，我已经涉足过 40 多个国家和地区，既在华丽的谈判桌前博弈过几十亿的商业合同，也在街边与全世界小贩讨价还价过，我相信，自己积累的谈判经验或多或少对大家是有帮助的，也希望本书能激发你的谈判灵感。

本书的基本结构如下：

第一章主要介绍了谈判的本质，阐述了谈判和辩论、说服、妥协以及讨价还价等不同冲突管理方法之间的区别，给出了谈判的基本定义。

第二章讲的是如何系统性地筹划和准备谈判，我们该从哪几个方面入手，该做哪些相应的准备。

第三章讨论的是在谈判中该使用什么样的沟通方式，该如何展开谈判对话，如何了解对手和从对方的角度去感受和理解不同沟通方式所产生的影响。

第四章讲的是谈判的核心，该如何回归商业的本质，用升维的方式思考和解构当下的冲突和问题，并提出相应的解题方法。

第五章从实际过程的角度讨论在谈判的不同阶段，人们可能会碰到的问题及相应的应对方法，以及该如何通过降维的方式脚踏实地和循序渐进地推进与管控一项谈判。

第六章给出了一些实际的案例，在测试和训练的过程中继续刻画谈判的真实状态，同时通过回顾强化之前讲到的知识点和技巧。

第七章从情绪管理的角度提出了一些人们在谈判中经常易犯的错误，并给出了一些情绪管理的方法。

第八章回到我们经常要面对的一些冲突场景，有的并不是正式的谈判场景，但我们仍可以通过谈判的思维模式和沟通方式去化解冲突和解决问题。

目录

第一章　谈判的本质

谈判：冲突管理的科学和艺术 …… 003
目标：别被"输赢"的念头冲昏头脑 …… 008
内核：谈判比的是脑子，而不是嘴巴 …… 010
战略：太复杂的套路极易成为绊脚石 …… 014
维度：为解决冲突拓展全新的空间 …… 017
价值：发挥创意对交易进行重构 …… 024
熵减：用持续优化对抗世界的不确定性 …… 029
取舍："赢得对手"比"赢得谈判"更重要 …… 032

第二章　谈判的要素

冲突地带：详细列出各方有分歧的地方 …… 040
核心诉求：明确自己必须达成的谈判结果 …… 042
限制因素：有底线才能做到张弛有度 …… 046
妥协空间：所有的让步都是有预谋的 …… 050
表外条款：通过全新变量将冲突"升维" …… 056
时间管理：聚焦谈判各方的优先事项 …… 061

第三章　谈判中的沟通

动机：从对方的角度梳理和应用自己的权力 …… 069
立场：别想把自己的思想放到他人的脑袋里 …… 072
倾听：有灵活性的地方通常就是突破口 …… 074
复述：在谈判的过程中不断地敲入"钉子" …… 082
提问：尽量避免把对方逼入死角 …… 088
建议：用"持续开价"锚定谈判的成交区间 …… 093
能量级：谈判沟通中的五种能力 …… 098

第四章　谈判的升维

打开思路：不要被假设自我设限 …… 107
增量思维：用合作超越"零和博弈"的困境 …… 109
善意优势：长期主义者的长期回报 …… 113
价值交换：回归商业的本质思考问题 …… 117
重构：重新梳理和优化各方资源 …… 121

第五章　谈判的降维

开局：以务实的态度为谈判定调 …… 128
开价：扎实的摸底能帮你牢牢掌控主导权 …… 132
让步：用既定策略控制对方的贪婪 …… 144
附加条款：实现"以退为进"策略的载体 …… 147
阶段锁定：随时巩固谈判已获得的成果 …… 151
节奏：充分利用休会来把控谈判进程 …… 156
借力：将己方需求和彼方诉求糅合在一起 …… 158

第六章　训练

测试1：阶梯式开价 …… 166
测试2：周旋式开价 …… 171
测试3：反转式回价 …… 174
测试4：破局式提问 …… 179
测试5：探测式让步 …… 184
测试6：收敛式成交 …… 192
测试7：高质量协议 …… 195
案例复盘：2019年医保谈判 …… 198

第七章　情绪

管理期望：尽量把丑话说在前头 …… 211
抑制本能：要让谈判双方都有安全感 …… 218
对抗模式：将谈判引入歧途的四大陷阱 …… 223
连接模式：在理解的基础上构建长期关系 …… 234

第八章　场景

如何讨价还价 …… 246
如何进行维权 …… 249
如何处理投诉 …… 252
如何化解僵局 …… 258
如何界定问题 …… 263
如何对问题进行重构 …… 264
如何进行薪酬谈判 …… 265
如何应对咄咄逼人的对手 …… 275
如何与不同文化背景的人谈判 …… 278
如何跟不同性格的人谈判 …… 280
谈判的不同种类 …… 286

附录一　"三心二意"谈判心法 …… 295
附录二　谈判"四有新人" …… 298
附录三　谈判三十六计 …… 300
附录四　谈判八段锦 …… 301

后　记 …… 303
作者简介 …… 305

第一章

谈判的本质

当跟刚认识的朋友说我是专门从事商务谈判的咨询顾问时，很多人总会立刻把我想象成谈判室里的怪兽，"一定是个特别难打交道的家伙"。然而，熟悉我的朋友都知道，我其实很好说话，并不会咄咄逼人地非要从别人身上切块肉下来才会善罢甘休。不过，我更想说的是，谈判其实离大家并不遥远，并非郑重其事地坐在谈判桌上相互对峙才叫谈判。工作中的薪酬谈判，和同事就一些分工界面进行商讨，项目执行过程中所遇到的实际情况和最初计划不一样时与客户的交涉，在生活当中和他人产生的一些冲突，甚至家人之间因为假期的出行计划而存在不同的意见……这一切都需要进行谈判或运用一些谈判的技巧。

其实，刚开始时，我是非常惧怕谈判的。我记得，小学时去买作业本和零食，自己总是习惯性地躲在大人的后面。当时，在我眼里，母亲才是一个谈判高手，哪怕在我看来完全不可能有议价空间的场景，只要她出马，就没有谈不下来的价格；相反，我的父亲却十分厌恶跟人讨价还价，不管对方出什么价，他从来不质疑，甚至有时还会令人惊讶地给对方加价。不过，直到后来，我才领悟到，自己从他们双方身上都学到了很多最基本的谈判技巧，我想这也是人们学习很多东西的启蒙方式。

工作以后，我开始从事咨询和销售方面的工作，为此经常要涉及报价和与别人进行讨论。然而，在这些方面我特别不自信，你可能不相信，每次有求于人的时候，我都恨不得找个地缝钻进去。为什么会这样呢？因为我害怕，害怕对方觉得我的诉求不合理，害怕对方的拒绝，害怕被挑战。后来，我又是怎么克服这些心理障碍的呢？当然是通过不断地犯错吃亏。如果回过头再看，那么真的没有比犯错更好的学习方式了。

谈判：冲突管理的科学和艺术

平时我会为一些朋友提供与生活有关的谈判的咨询，而大部分来向我寻求帮助的人都是因为在工作和生活中遇到了重大问题。其实，这其中很多麻烦完全是由于处理不当，把本来不大的冲突升级成了僵局，而这时候人们才想到要寻求帮助。"再好的医生也是没办法救活已经死了的人"，事情发展到这种地步，留给专业人士挽回局面的余地已经有限了，而且很难保证，人们会分毫不差地执行专业人士给出的方案。很多医生经常会说，比挂专家号、找名医更靠谱的是平时多关注个人健康，培养和保持良好的习惯。我想说，谈判其实也一样，所有人需要做的是在平时培养良好的谈判习惯，而不是在酿成僵局后花大价钱请教谈判专家。

实际上，冲突本身也是一种能量，没有冲突，人们就不会更深入地理解彼此；没有冲突，人们就不会寻找更优的解决方案；没有冲突，人们也不会持续创新。冲突会带来机会，如果不出问题，很多事情反而没有得到修正的机会。没有问题，对方可能压根就没有意愿要跟你谈判。当问题出现的时候，要保持机敏，不要浪费任何一场危机。不过，从另一方面而言，冲突也会导致针锋相对，甚至两败俱伤。冲突本身其实是中性的客观存在，但由于人们应对它们时存在主观上的差异，所以产生的结果就"差之千里"了。

如果之前你在跟人沟通和处理冲突时没有吃过大亏，那么恭喜你，现在你拿起这本书正恰逢其时；如果你已然跌过跟头，那我们就一起分析其中的原因，看看从中能吸取什么经验教训，并且思考一下以后怎么才能少跌跟头。

2019年春节，我和家人在一起吃饭，我的一个亲戚在吃饭时收到一条手机通知，是他的信用卡账单。他点开看了一下，发现是一笔3600元的信用卡年费。于是，他在饭桌上就开始给该行的信用卡中心打电话。原来我的这个亲戚在年前申请了一张白金信用卡，在他过年回老家期间该卡被寄到了他的家中。问题在于，该银行在他还没有做开卡操作的前提下就直接收取了3600元的年费。我的这位亲戚非常不满，越说越大声，随后就离开饭桌找地方向银行客服人员发火去了。十几分钟之后,他面红耳赤地回到饭桌前,看起来非常不悦。大家都关切地问他,问题有没有解决。

"没有!客服说,2月1号这张卡就自动生成年费账单了。我问她怎么解决,她说没有办法,这是银行规定。"我的这位亲戚回应道,语言中带着浓浓的怨气。

"啊?怎么会这样?也太不讲道理了!""就是,哪有这样的规定?"大家都开始替这位亲戚感到愤愤不平。

"你办卡之前怎么没有问清楚呢?也太马虎了吧!"这位亲戚的妈妈开始了教科书式的唠叨。

"你希望怎么解决呢?"我问这位亲戚。

"不办了啊,退我年费,他们开始也没说清楚,我以为可以用积分抵扣的。"

"你有跟客服说你的需求吗?"我又问道。

"没有,但你也听到了,我一直在投诉,但她们说没办法了,这是银行规定!"

"你再打一个电话呢,让我来试试。"我建议道。

"对啊,让雪松试试,看看谈判专家有什么能耐!"在家人的起哄中我的这位亲戚又拨通了客服电话。在向银行客服人员核对完信息后,他把电话交给了我,我简单说明了一下情况,然后直接提出了需求:"请帮我把这张卡退掉,同时也请把年费取消掉。"

我很坚定地说道，但同时态度却很温和。随后，客服回应说："李先生，这里要和您确认一下，如果要取消这张卡的话，再需要时就必须重新申请的，这种卡并不是很好申请，您确认要取消吗？"我用眼神和我那位亲戚确认了一下，他表示没有问题。"好的，我这就帮您把这张卡取消，稍后3600元的年费也会从您的当月账单中消除，这可能需要几个工作日的时间。祝您春节快乐，也请稍后对我的服务进行评价。"

这时我的那位亲戚已经惊呆了，他不停地问我到底是怎么做到的，施了什么魔法，怎么这么简单呢，对方被我催眠了吗？这可能也是不少人的感觉。其实，很多书也在着力塑造这样的形象，即谈判专家就像魔法师一样，一个响指，接下来就是见证奇迹的时刻。

然而，谈判和魔法实在相去甚远，谈判一面是科学，一面是艺术。更重要的是，不管谈判顾问的经验多么丰富，他也没法确定在谈判桌上的每种尝试会引发什么结果，因为谈判没有剧本，对方也不会按照你所期望的那样出牌或做出反应。不过，这正是谈判最有意思、最让人着迷的地方，难道不是吗？

谁都不是天生的谈判专家，人们通常既不喜欢也不擅长谈判。有的时候，因为恐惧，所以不喜欢，进而不愿意掌握其中的技巧，这又会导致人们更加恐惧，从而形成了一个怪圈。显然，要想打破这个循环，人们就需要消除对某样东西的恐惧感，而消除恐惧感最好的办法就是去熟悉它。先熟悉，再尝试，直到最后产生掌控和驾驭的乐趣。通过这本书，我想帮助大家推开谈判室的那扇门，一起窥探门内究竟有什么，同时尝试归纳和总结一些我所积累的经验和所采取的学习技巧。

Our failures are due not to the defeats we suffer but to the conflicts we don't participate in.

失败并非源自被击败，而是面对挑战我们退缩了。

——无名氏

需要提前说明的是，本书提到的所有谈判知识和技巧，都是在我们不断犯错的过程中总结出来的。另外，可能会令人有些失望的是，所有的这些知识和技巧，并不会像魔法一样一定能帮助人们达到目的。因为谈判和成功一样，都是一个超复杂的工程，我不想以偏概全地误导大家，让大家觉得在谈判室的两扇门后有什么灵丹妙药。所有的从事谈判工作的专业人员都是通过尝试、犯错、总结、再尝试……最终才实现了自身的目标。

因此，在这本书里，我所阐释的知识和技能，顶多只是能帮人们降低试错成本，进而提高成功概率。至于通过什么方法帮助亲戚免除了 3600 元年费，我会在本书后面系统性地进行讲解。

目标：别被"输赢"的念头冲昏头脑

很多人跟我说，他们一直认为谈判专家都是那种西装革履、能言善辩、巧舌如簧的家伙。这种印象可能是源自一些影视作品的影响，其实在实际工作中，我遇到的谈判者往往都不是这样的，而且经验越丰富的谈判高手可能越不符合大家的想象。

实际上，在现实工作中，谈判专家很难被划归为一种职业，也很少有人意识到自己具备了这个身份。很多人的正式身份可能是企业家、首席执行官、人力资源总监、销售总监、采购经理、项目经理、管理咨询顾问、投诉处理专员、经纪人等，这些人在现实生活中其实都是谈判专家。他们为了解决问题，每天都在谈判，处理五花八门的冲突。

请注意，这里没有提到辩护律师和辩论赛冠军，因为这两类人的工作或行为习惯其实和我们所说的谈判并不完全一样。简单来说，他们的核心技能是辩论而非谈判，那么，辩论和谈判有什么区别呢？谈判高手不都是一些能言善辩者吗？好吧，这里要讲一个重要的概念——什么是谈判，并且把它和辩论区分开来。

谈判的定义：谈判是冲突各方通过设定立场、提出建议、做出取舍，交换价值，并最终达成共识的过程。

这个过程需要谈判各方参与，进而综合大家的决定以达成协议。辩论则通过双方阐述各自立场，给出论据，相互攻击对方的逻辑漏洞，以期达到取胜的目的。辩论双方往往无法达成共识，谁也说服不了谁，所以需要一个第三方来做出裁决，比如评委、观众、法官、陪审团。可以想象一下，在真正的商业博弈或者国际冲突中，比如两国的贸易谈判，一方派出了一名最有实力的辩手，在这位辩手的一番动之以情、晓之以理的精彩演说之后，对方突然说："嗯，我觉得你说得很对，那就按你们说的办！"显然，这种情况很难出现。

谈判更多关注的是如何能实现自己的目标，谈判者并不会纠结于谁对谁错。强调是非往往不仅不能帮助自己达成目标，反而会引发双方的情绪问题。如果由此导致了更大的冲突，那就更加得不偿失了。如果非要在"认定对方错误"和"达成我的目标"这两者之间做选择的话，我更倾向后者。

当然，这里不是去比较辩论和谈判孰优孰劣，而是在厘清这两种技能所适用的不同场景。实际上,我非常喜欢看辩论节目,辩论可以让我了解到不同的立场和思想,可以从自己未曾想过的角度看待问题,甚至可以说,辩论是帮助我理解这个世界的一种方式。这里只是帮大家明确了谈判和辩论的区别,另外,我还想强调的一点是,这不是一本教人怎么说话的书,而是一本探讨如何在冲突中解决问题的书。

内核:谈判比的是脑子,而不是嘴巴

如果是教你如何打"嘴仗"的话,无论如何我也不敢来写这本书,从小我就觉得自己的嘴比较笨,甚至宁愿挨揍都不愿对自己犯的错误做过多解释。那嘴笨的人可以谈判吗?如果不行的话,我早就该失业了。我可能又要抛出一个冒犯大家固有想法的观点了:如果你感觉到自己不太会说话,经常脑子里想得好好的,但话一到嘴上就是表达不出来,那么恭喜你,你可能是一个潜在的谈判高手!因为我们发现善于表达的人(没错,就是那些伶牙俐齿的家伙!)往往不适合谈判。首先,在真正的商业谈判中,你很难通过说服让对方放弃自己的利益,说多了白搭,浪费口舌和时间；其次，说得太多就很难听到对方在说什么，不要忘了对方在谈判中也有决定权，无视对方的诉求可能会导致你也拿不到自己想要的东西；最后，说得太多就难以做到滴水不漏，容易给对方留下把柄，中国有句老话，"言多必失"，也是同样的意思。

二律背反定律(Antinomies)是德国哲学家康德在其著作《纯粹理性批判》中提出的哲学概念，两个公认为正确的命题都是依据普遍承认的原则建立起来的，而两个命题之间却存在矛盾冲突。康德认为，由于人类理性认识的辩证性力图超越自己的经验界限去认识物自体，误把宇宙理念当作认识对象，用说明现象的东西去说明它，这就必然产生二律背反。可能你看了这段定义还是有点儿晕，没关系，简单来说就是，我们对同一对象可能有两种截然不同的看法，两者自相矛盾，但都能自圆其说。如果在一个逻辑体系当中，你不断地对一个结论进行证明，那么就会导致它的相反结论也同时成立。打个比方，有人让你帮他的一个朋友介绍对象："这个小伙儿名校毕业，工作优秀，相貌英俊，身材高大，在北京有车有房，还性格超好……"是不是对方越说你越会产生一种疑惑，既然条件这么好为什么还要找人介绍对象呢？**有的时候说得太多反而适得其反，让对方产生疑惑甚至逆反心理，这种表达时的心理距离法则也是我们在销售和谈判时需要注意的，拿捏不好的话，往往越主动就会越被动。**

可能有人要问，如果谈判不用说话，那要谈判专家干什么？难道是在谈判桌上思考人生吗？答案确实是要好好思考。谈判其实是一个动脑的过程，需要冲突双方或多方开放心态，少说话多思考，用智慧去解决问题。各方在谈判时需要思考的是：

对方的真实需求是什么？
背后的动机又是什么呢？
哪里是对方不容突破的底线？
我该如何争取自己的利益？
我的让步对对方意味着什么？
如何能让对方答应我的条件？
是不是谈完这些我们就可以成交了？
对方是否能信守他的承诺？
如果以后出了问题该怎么办？
…………

那些感觉自己不太会说话的人是潜在的谈判高手，我之所以这么说，主要是因为相关研究表明，表达或反应太快的人往往疏于思考，而言语上反应较慢的人通常会考虑得更全面。

真正在谈判桌上久经沙场的高手，都是一帮惜字如金、脑子比舌头快、耳朵比嘴巴灵的家伙。想想在大国贸易谈判的现场，一定会是一个双方语速很慢，但能量级很高的场面。和优秀的演说家或领导者不同，优秀的谈判者通常默默无闻，他们关注的不是赢得战斗或辩论，而是专注于解决问题和冲突。其实，优秀的领导者通常也需要具备过人的谈判能力，并能识别什么时候该去影响，什么时候需要谈判。

Negotiation is not about winning arguments or persuading people to see it from your perspective. Negotiating is about resolving differences with some give and take.

谈判不是要去赢得争论或者说服别人从你的立场考虑问题，而是用有商有量、有来有往的方式去解决问题。

——苏格兰坊谈判专家 罗宾·科普兰（Robin Copeland）

战略：太复杂的套路极易成为绊脚石

一般在开始做一件事之前，人们都会谈论一个非常魔幻的词："战略"。这是个非常有吸引力的词，好像一谈到这个词，就会有高屋建瓴地进行顶层设计的既视感。因此战略本身也必须体现出和这个词一样的高级感，既要"高举高打"，又要"精巧设计"。之前，我在给一些企业做战略顾问和自己创业的初期，也特别迷恋有关战略的探讨和设计。

于是，在谈判桌上甚至是在整个商务过程中都充斥着极为复杂的战略，或者说得直白点，就是大家都在追求"奇谋巧计"。我甚至还听到过一句话："谈判桌上全靠演技。"后来，当看到还有人这么做的时候，我常常会忍不住问一句："你是把对手当傻子吗？"对手是不是真的是傻子，这个不得而知，但我知道的是，对手的手里可没有你精心设计的剧本，也不会很配合地进行友情出演。一味地追求通过设计奇谋巧计来愚弄对手，最大的可能是到头来被人愚弄。

另外，我还发现了由此带来的另一种副作用——由于过于迷恋自己精心设计出来的奇谋巧计，人们会把全部力气都花在实施既定策略上。为了维持自己的既定战略，人们甚至忽略了最终目标。这听起来可能有些不可思议，但在现实中这种情况却经常发生。就好比从武昌到汉口，可以坐轮渡，可以开车走大桥或走隧道，体力好的可以直接跑过去，水性好的还可以游泳。总之，去汉口是目标，具体交通方式只是策略，但太多人钻在牛角尖里出不来，把坐轮渡当成了比去汉口更重要的事情，进而导致被天堑挡住了去路。

难道彻底不做战略筹划，直接硬着头皮上谈判桌吗？我当然不是这个意思。如果大家看过《孙子兵法》，那么应该明白《孙子兵法》真正讲的并不是阴谋诡计，而是如何基于实力对比选择战略战术。我希望大家不要曲解了战略的本意，尤其在开始的阶段，建议大家遵循八个字"大道至简，水无常形"。

在本书中，我也会跟大家分享一些在观察和研究谈判时自己总结出来的技巧，这些技巧有别于大家在别处听到的"红脸白脸""小题大做""窃窃私语"等套路。很多既有的套路实在太老了，而且也不适用于商业领域的谈判和沟通。好好想一想，如果把这些套路用在自己的客户或者合作伙伴身上，你会得到什么。

技巧1：大道至简。简单的策略才是最直接、最有效的。尤其在开始阶段，不要迷恋复杂的设计，越复杂的设计容错率越低；越复杂的策略越容易把对方绕晕，也越容易把自己绕进去。

我的一个学生是一家财务顾问机构的合伙人，有次在谈一个项目时，她跑来找我。她跟我说，在谈项目前，他们已经事先商量好，要表示对项目不是太感兴趣（实际他们非常看好那个项目，但同时也知道别的投资机构对这个项目也很感兴趣）。她问我这样是不是可以让项目方更迫切地和他们签约。我没有回答她，而是向她反问道："对方之所以愿意跟你们签约，是因为他们需要你们的服务，还是因为你们不太看好他们？"我的这位学生可能受了太多"饥饿营销"宣传的蛊惑，而实际上 B 端的客户要比 C 端理智得多。另外，她所在的机构也并不处在诸多项目方疯狂追捧的状态。更重要的是对方没有你的剧本，也不会配合你友情出演，我让她再继续想想另一个问题：如果对方觉得你们不看好他们，那他们会相信你们会把资源投入他们的项目上吗？你觉得他们还想跟你签约吗？

技巧 2：水无常形。俗话说，"兵无常势，水无常形。"一定不要让你的既定战略和战术禁锢了自己。任何人都应该时常审时度势、驻足思考，只有保持冷静，才能时刻准备应对变化。

不要让复杂僵硬的战略成了自己的绊脚石，过于迷恋预设的战略或套路有可能导致你无法实现目标。尽量让战略简单一些，易于实施一些，保证其灵活性，这样自己就不会钻牛角尖。要永远记得，比你的战略更重要的是你的目标。

维度：为解决冲突拓展全新的空间

人们之所以要坐下来谈判是因为存在冲突，谈判是冲突管理的一种方式，但并不是唯一的方式。为了更好地理解谈判，我们先来了解一下冲突管理的概念和方法。

面对冲突，人们只有三种应激反应：逃跑（flee）、应战（fight）或投降（give up）。这三种应激反应其实都属于情绪反应（emotional reaction），是印刻在人们基因里的一种原始本能。然而，在经过几千年社会化的过程后，人们逐步演化和延伸出更多的手段来处理冲突。于是，面对冲突，人们又多了几种选择，分别是逃避责任（evade responsibility）、妥协退让（compromise）和达成共识（consensus）。我们称后三种方式为理性反应（rational reaction）。接下来，让我们一起来具体看看这些反应的区别。

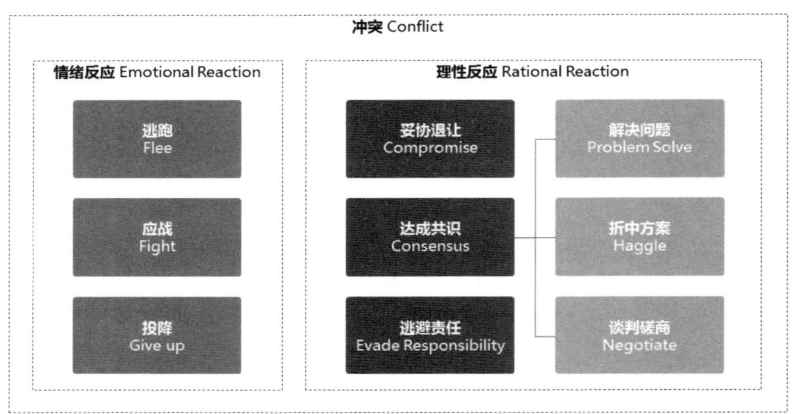

图1-1 冲突管理模型

逃跑。在面对冲突的时候，经过快速的心算，人们判断自己不是敌人的对手，这时候不如赶紧逃跑。显然，大家并不轻视和贬低逃跑策略，三十六计走为上策，先胜而后求战，而非先战而后求胜。在没有必胜把握的时候，不如韬光养晦、保存实力，避免头脑发热、盲目行事。

应战。如果大脑认为人们有赢的机会或者根本没有逃跑的机会，就会下达应战的指令。这个时候，我们通常有两种不同的应战方式，一种是秀肌肉，一种是耍嘴皮。

·强加于人（秀肌肉）。最爽的情况可能并不是说服别人，而是自己称王称霸。"我不要你觉得，我要我觉得。"在这种情况下,谈判等于说废话,我说什么就是什么。不过,需要小心的是,没有什么是一成不变的。当今的国际形势和市场状况瞬息万变,可能都不用"十年河东,十年河西",改天再相见时,自己就会吃下自己亲手种下的苦果。

·说服影响(耍嘴皮)。提到谈判时,人们经常会想的是自己该怎么说,甚至很多人会把谈判和说服混淆在一起,认为是相同的事情。说服是尝试去影响对方,用到的是辩论的技巧,但辩论和谈判其实完完全全是两件事情。当然,如果真的能够靠语言说服对方,那确实是一件相当划算的事情,因为这样人们实现目标的成本就是一些口舌而已。

投降。做白日梦比较爽,一直做,一直爽,可现实往往很"骨感"。谈判桌上的权力天平好像永远不会向自己这边倾斜,当人们"流着口水"从白日梦中醒来时,往往会发现,最后被迫妥协让步的那个人永远都是自己。每次从谈判桌上下来,很多人都会捶胸顿足。躺在床上后,他们的脑子中还不断浮现出谈判现场的屈辱,并暗暗发誓以后一定要伺机翻盘。

逃避责任。小朋友吵架时,如果自己吃亏了,他们通常会报告老师和家长。与这种情况类似,大人在自己解决不了问题时,往往会提起诉讼,让第三方来仲裁。这种方式看似公允,但除非万不得已,否则我绝不会诉诸这种方式,为什么呢?即使不考虑公正性问题,引入第三方仍然会导致很多不确定性。他们了解问题的方式只有当事人双方的相互表述和一些有限的调查。显然,如果采取这种方式,我对这个问题就再也没有控制权了,只能听候发落。在工作中,如果遇到棘手问题就找老板解决,那久而久之老板可能会觉得,他其实根本不需要我们。

妥协退让。"世上无难事,只要肯放弃。"当然,在谈判时,如果直接举手投降,那就谈不上策略了。很多销售人员在面对强势甲方时,通常会采取"逐步退让"的惯用策略——你压价,我就稍微让点,你继续施压,我就再让一点,一直让到对方满意或者触及我的底线为止。这等于把主动权完全丢给对方,万一遇上没完没了的对手,自己就会非常被动。不仅如此,这还会产生连带效果,鼓励对方以后继续采用这种方式。

达成共识。这似乎是一种最理想的情况,经过商议,双方围绕当下的冲突达成一定的共识,或者敲定了一致性的行动方案。归纳一下,有以下几种达成共识的方式:

· 解决问题。我们可以尝试去解决引起冲突的问题,但经常的情况是我们对相关问题的定义和理解存在严重分歧。举个生活中最常见的例子,男性所理解的问题和真正让女生苦恼的问题之间肯定存在"几亿光年"的距离。因此，在决心解决问题之前，要先确认好各方对于问题的理解和定义是否一致，要不然容易牛头不对马嘴，搞了半天原来大家是在平行的两个空间讨论完全不同的问题。

· 折中方案或谈判磋商。小时候，我天天目睹娘亲在各种讨价还价现场"大杀四方"，而我能做的只有45度角仰望。现在，如果让我和我妈比试一下讨价还价，我一定还是会惨败而归。"等等，你不是谈判专家吗？那我们这本书岂不是白买了？退货！"我想这里可能有些误会，后面我会跟各位读者详细解释一下谈判磋商和讨价还价的区别。

这里让我来举个例子：有个学员来找我咨询，他是一名销售人员，他当时的主要问题是和公司在销售提成比例上产生了分歧。他本身的职位是大客户经理，但公司调整了其职责，让其在新一年中去开拓新客户，其相应的激励方式也由奖金制变成了提成制。做过销售的人都知道，这其实是一次非常大的职能转变，要从 farmer（守成者）变成 hunter（开拓者）。在工作职责上，这名学员对公司的安排并没有太大的异议，问题的关键是公司给他的提成比例是销售额的5%。他自己估算了一下，按这个提成比例和销售目标，他年终拿的奖金可能还没有去年多，因此他向公司提出需要10%的提成。公司没有同意，而这也就是他来找我的原因。他告诉我说，公司认为新业务的毛利水平一般不高，按照这样的销售提成比例，公司可能会面临亏本的风险。他和公司从年初就开始协商这个问题，但现在快到一季度末了，还没有达成共识。我当时问了他一个问题："公司要求的最低毛利水平是多少？"他说："20%。"于是，我建议把提成比例按毛利水平切碎，于是我和他一起设计了一个销售提成阶梯方案。

表 1-1 被切碎的提成方案

阶梯	业务毛利率	销售提成	公司毛利率
一	20%	5%	15%
二	22%	6%	16%
三	24%	7%	17%
四	26%	8%	18%
五	28%	9%	19%
六	30%	10%	20%

这名学员把这个阶梯方案递交给公司后，没想到老板立刻就同意了。"嗯，这样没问题，就这么办吧！"这名学员事后兴奋地向我描述了老板当时的反应。

其实，这名学员过来找我时就知道，10%可能拿不到，那么在这样的情况下有没有机会跟公司谈到6%或者7%呢？这其实就是谈判和讨价还价的主要区别。

讨价还价时，双方其实一直处于冲突空间中，焦点通常都在双方有冲突的事项上。最终的结果可能是一方完胜，一方完败。这种情况完全是一种实力的较量，"谁的胳膊比较粗就按谁的办"；或者双方各退一步，达成一个折中方案，但双方其实都不会满意这种方案，因为谁也没有拿到自己想要的东西，并且都做了不得已的妥协让步。谈判磋商则通过引入变量，甚至把现在的常量切成变量（比如上例当中的业务毛利率），从而把双方从冲突空间转移到了非冲突空间。

谈判其实是一种升维思考问题的方式。如果双方在一维空间或二维空间里有冲突，那可以通过引入更多变量的方式让双方进入高维空间，尝试在高维空间中找到解决问题和化解冲突的方法。好了，终于正式进入到我的专业领域了，对我来说，谈判实际不是一种说话方式，而是一种思维模式。

总结一下，谈判只是人们处理冲突的一种方式。如何化解冲突，所有人还是要结合当时的实际情况做最合适的选择，我的建议是，每个人仍然可以尝试从"说服"开始，因为这是成本最低的选择。不过，千万不要执迷于说服。当发现确实和对方有利益冲突而对方绝不会轻易让步时，我会尝试解决问题或进行谈判。在上谈判桌前，我一般都会做充分准备，因为我知道，我和对方都不准备空手而归。我也不会奢求全身而退，毕竟谈判是一项妥协的艺术，会有成本，会有让步。我和对方都有诉求，那有没有机会在同时满足双方诉求的情况下去达成共识呢？或者更进一步，在满足双方基本诉求的基础上，还有没有空间进行更多的价值交换呢？

价值：发挥创意对交易进行重构

"Vetenskap och konst"是我的母校瑞典皇家理工学院的校训，这句话在瑞典语中的意思是"科学和艺术"。我现在觉得，用这句话来描述谈判再恰当不过了。谈判并不单是说话的艺术，也没有人天生就会谈判。实际的情况是，不管天资如何，最后能真正成为谈判专家的，都把谈判视为一种专业技能，并始终为此进行着不懈努力和反复训练。

既然谈判同时也是一门科学，那我们就要以科学的态度来对待谈判。谈判其实可以分为三个阶段：

交互：连接是解决冲突的基础

我的专业是无线通信，如果从通信的角度来看，信息交互就是有效地把信息从信源传送到信宿。这里面包含了如何编码，如何发送，如何选择信道，以及如何接收、解码。相应地，该如何高效地接受对方的信息呢？这涉及三个要素：1.信息的空间域流（宿源）；2.信息的时间域（记忆）；3.信息的时空域流（传播）。

Communication is a basic human need.

沟通是人类的基本需求。

——拉什·玛格纳斯·爱立信（Lars Magnus Ericsson）

人类的发展史其实就是一个不断被联结的过程，从最初地点与地点的联结，到人与人的联结，再到人与万物联结。通过思想的联结，人们可以产生协作，创造价值，也能化解误会，解决冲突。

交换：回归到商业的"不等价"阶段

在这里，我可以简单地向大家分享一下，我所理解的商业的本质。在商业的萌芽阶段，其实无非就是"你打了一只兔子，换我编的一双草鞋"。不过，这种情况存在一个问题，即双方的需求能够匹配才能达成交易——"我恰好需要你的兔子，你也恰好需要我的草鞋"，而这就给交易带来了很多的限制。后来，人们发明了货币，引入了价格的概念，这极大地提升了交易的便利性。即使只存在单向的需求，交易也可以达成。货币便于流通，也便于存储，它为人类经济体系所带来的价值，犹如文字为人类知识体系所带来的价值。

然而，货币同时也引发了一个问题，货品的价格有时并不能完全反映其价值。当双方对货品的价值和成本存在分歧时，这个问题会更加严重。货币让交易变得极为便利，但同时也抹杀了交易的创意性。那应该怎么办呢？**谈判其实就是在对交易价值进行重新梳理。我们不妨回到商业的本质，回到"物物交换"的时代，看看如何通过不等价交易帮助双方走出冲突地带，并对交易进行重构。**

决策：选择往往比努力更重要

不管是对组织还是对个人而言，如何决策或者说如何选择都是"生死攸关"的大事。你一定听说过"选择大于努力"这种说法，它突显了决策能力的重要性。这里的选择不是说要在蜜糖和砒霜之间做出选择，也不是说要在100元钱和10元钱中做选择。我们经常面对的选项其实都是模棱两可、充满着不确定性的，可我们却总是希望从选择中获取确定性的收益。在谈判中，人们往往面临外部、内部和时间等多重压力，要在几个小时内针对那些本来需要花几年进行审议的决定做出选择和决策，这绝对是对思维和心理的双重考验。

需要说明的是，"选择大于努力"说的并不是"运气大于努力"。如果真的把选择等同于运气，那你很可能就是在拿自己的人生赌运气。对于"高阶玩家"来说，选择其实是一道数学题。

如何解答这道数学题是经济学的核心主题。当然，没有人是纯靠计算来做所有选择的，因此在如何决策的问题上还涉及情绪管理的内容，包括如何管理自己的情绪\如何管理对方的情绪，这又属于心理学的范畴了。如果从学科的角度来看，谈判实际涉及沟通、经济、心理这几个领域，其中的任何一个都是相当复杂的。综合地看，谈判就是一种超复杂的学问了，可以说，每位谈判专家的内核都必须有一个"超算中心"。

英文"negotiate"（谈判）一词源于拉丁语"negotiates"，原意是商业运作。显然，谈判其实就是为了解决如何交易和决策的问题。因此，我建议大家在从事谈判工作之前，都可以看看美国经济学家格里高利·曼昆（N.Gregory Mankiw）的经济学著作《经济学原理》（*Principles of Economics*）。这本书的核心就是三大问题：1.人们怎样做出决策；2.人们如何相互交易；3.整体经济如何运行。

对于如何决策，曼昆列出了四个原理：

· 原理 1：人们面临取舍。为了获得一件自己喜欢的东西，人们必须放弃另一件东西。所谓决策，就是在这两件东西中进行选择。

·原理2：一件东西的成本是为了得到它而放弃的其他东西。人都面临着选择关系，在做决策时人们要对各选项的成本和收益进行比较，但选项的成本往往并不容易计算清楚。

·原理3：理性人考虑边际量。理性人认为生活中有很多决策都与对现有行动计划进行小的增量调整有关，这些调整就是所谓的"边际变动"。

·原理4：人们会对激励做出反应。人们的决策是在对成本与收益进行比较之后确定的，当成本和收益变化时，人们的决策及行为也会发生相应的变动。

对于如何交易，曼昆同样列出了三个原理：

·原理5：交易能使所有参与者的状况变得更好。在交易中往往存在着竞争，然而这种竞争和体育竞赛不同，不一定是一方胜利，另一方就必然失败，它有可能达到"双赢"的结果。竞争的理想结果是使交易双方都得到好处。

·原理6：市场通常是组织经济活动的一种好方法。在如何调度资源这个问题上，有两种方法，一种是中央计划，一种是市场机制，前者实行的是计划经济，后者实行的是市场经济。

·原理7：政府有时可以改善市场结果。曼昆指出，市场经济虽有很多优点，但也存在明显的不足，有时也会出现市场失灵的情况。

谈判的基础是信息的交互；谈判的本质是价值的交换；谈判的结果取决于决策机制。这也是本书主要探讨的三个问题。

熵减：用持续优化对抗世界的不确定性

> 世界上的事情，最忌讳的就是个十全十美，你看那天上的月亮，一旦圆满了，马上就要亏厌。
>
> ——莫言《檀香刑》

妥协：接纳世界的不完美

这个世界的资源配置天然就是不完美、非均衡的。有的地方温热，有的地方寒冷；有的地方干旱，有的地方潮湿；有的地方适合产粮，有的地方适合酿酒，有的地方寸草不生，却能打出石油来；正是这样，商品和信息才有交换的必要和价值。

追求完美的第一步，是承认世界的不完美和接纳自己的不完美。这好像是一个悖论，但是只有认知和接纳自己的不完美之后，我们才会去做有针对性的改善。发现不足,才想去学习;感到生疏,才要去练习;遇到问题,才会去谈判。

谈判其实就是在承认现状不完美和可能没有完美方案的基础上,为了实现更完善和平衡的资源配置,为了"人尽其才,地尽其利,物尽其用,货畅其流"①,进行的一种妥协和修正。

持续性:在无序的世界中构建有序

你在沙滩上费了很多精力堆了一座城堡。如果你不去管它,过不了几天,这座"城堡"大概率会变成一个沙堆。你花了一个周末好不容易收拾干净的房间,没几天可能又乱了。当然,没有哪一条物理规律规定了风不能把一个沙堆"吹"成一座城堡,但在实际中这几乎不可能发生。事物的发展都是一个从有序到无序的过程,这其实也是世界的运行规律。无序的熵值更高,有序的熵值更低,这就是熵增定律,一切事物都是从有序趋向无序。

事实上,不确定性比确定性更稳定,一件事出错的概率也会随着时间的推移越来越高,可以说,没有比不确定性更确定的事情了。眼前的一个冲突或问题,人们通过谈判达成了一个看似不

---

① 1894 年,孙中山曾上书李鸿章,提出了"人尽其才,地尽其利,物尽其用,货畅其流"的主张。

错的协议，但在日后执行的过程中可能还会出现偏差，打乱了原有计划。我们还要通过谈判来对原有协议进行修补，把事情拉回到正轨上来。或许有人要说，在执行过程中不一定不出差池啊，是有这种可能，但概率有多高呢？把耳机线整理好放在口袋里，当把它从口袋里再拿出来时，它仍然保持整整齐齐的概率有多高呢？在执行协议的过程中，不出问题的概率应该不超过这个概率。

熵增，从有序到无序；熵减，从无序到有序。一个孤立系统，其熵值只能增加不能减少，要减少它的熵，就必须依靠外界对它做功。利用信息传递降低不确定性的过程，其实就是在通过做功，让无序变成有序。不过，谈判所施加的外力，只针对当下已存冲突或在执行过程中出现的特定偏差。如果要保证从谈判伊始到执行完毕均处于有序状态，那就需要持续做功。熵减，就是对有效谈判的奖励。

心态：不求最优 但求改善

稻盛和夫说："真正实现完美主义当然很困难，但具备追求完美主义的态度，就能减少错误。"追求完美是所有事业心强的人都应该拥有的基本心态。

世界不完美，但不妨碍人们追求完美。追求完美，并不意味着可以达到完美，那不如做一个不完美的完美主义者。如果将这一个理念运用在谈判中,我觉得每个人的座右铭应该是"不求最优,但求改善",这有助于我们保持一种比较健康的谈判心态。

谈判就是在错配中探求资源的合理配置,在不完美的世界里追求完美的过程。或者说,在博弈关系中既不满足于"纳什均衡",又不会对"帕累托最优"的理论极限充满执念,谈判就是更贴近实际地进行"帕累托改善"的过程。关于这些理论和方法,本书会在第四章给出更多的阐述。

取舍:"赢得对手"比"赢得谈判"更重要

很多讲谈判的书或文章总是会提到"双赢谈判"这个概念,还有一个大家都会挂在嘴上的说法叫"优势谈判"。

问题是,怎么能保证自己始终处在优势地位呢?想想看,用这些方式对自己的客户,你最终会得到什么?

人们特别喜欢给成功找原因,但成功往往是不可被复制的,所谓成功的秘诀,很多都是"事后诸葛亮"。就像极限施压,能成功的原因其实在于本身就有的优势,而不是其所号称的谈判能力,不要把本来就有的实力误以为是谈判能力,在有些情况下叫

"霸权主义"可能更贴切一些。

有一次，我陪客户去谈判。事先，我们一起准备了很多种方案，但没想到对方的态度始终都非常强硬。简单来说，对方的策略就是，拒不接受任何建议。我的客户的态度也开始转变，逐渐不再对解决方案抱有希望，并最终决定出动律师终止合作。

在没有绝对优势的情况下一味地保持强势，只会逼得对方同样采取不合作的谈判态度，由此将导致各方所提出的方案只会越来越差。谈判的最差结果不只是陷入零和博弈，还有可能会破坏整体价值，一味强势、缺乏经验的谈判者有可能让谈判陷入更大的危机。

既要达成自己的目标，又能化解冲突或者说起码不要激化矛盾，怎么通过谈判做到这一点呢？这里可能还要请大家多想一些问题，是长期处于优势的人更会谈判，还是长期处于劣势的人更会谈判？两方所用的谈判技巧是否一定差别巨大呢？笔者恰好有机会能从两边和中立的角度去观察和思考双方擅长使用的技巧和经常陷入的困局。在开始进入学习谈判技巧之前，你可以回想一下自己平时经常处于哪种场景，又会从哪方面入手呢？

现在再一起看看双赢谈判。双赢的确很重要，不过其前提是你的对手也是你的长期合作伙伴，甚至是生活中的伴侣。如果只是一次性交易，那么双方对于双赢的诉求和渴望就不会那么强烈。

可是怎么样才能做到双赢呢？在许多书中或讲座中对于这一点其实都是在喊口号，仿佛说了这个有魔力的词就真可以做到一样。首先，即便自己抱着双赢的良好期望，但对方的表现却处处与你针锋相对；现实就是这么"骨感"，你没法把自己的期望当作谈判策略。其次，大家有必要重新梳理一下谈判中的一种心态，那就是"赢"。这其实是一种非常危险的心态，因为有了这种心态，就会"想赢怕输"，而更糟的是，会让你在谈判时不自觉地进入一种竞争的节奏。因为想赢，就没法做到双赢；因为想赢，就会忘记自己的目标。我更喜欢的一个词是：各取所需。谈判不是阻止对方拿到他想要的东西，而是确保自己拿到自己想要的东西，我更倾向把谈判看作对多方重新赋能的机会。

太注重输赢，有的时候会让我们拿到好的价格、坏的结果；有时看似完美的协议，却无法落实，因为这份协议的执行还需要对方的配合。这就需要我们在锚定目标时能兼顾与对方的关系。如果非要赢，那我希望大家能牢记一点：赢得对手，而非赢得谈判。只有对手才能给你想要的东西，不赢得他们，你就没法获得更多。

》》》敲黑板：

1. 谈判归根到底是一个与人交往和沟通有关的活动。因此，人在谈判过程中的作用就尤为重要，这也是需要去重点关注的因素。

2. 想消除对冲突的恐惧感，最好的办法就是从去熟悉它开始，先熟悉，再尝试，直到最后产生掌控和驾驭的乐趣。

3. 谈判是冲突管理的一种方式。在不断发展的过程中，人类积累了许多冲突管理的办法。

4. 谈判不是辩论赛，不要迷恋于"讲道理"和"论输赢"，要专注在自己的目标之上，不要被输赢冲昏了头脑或打乱了节奏。

5. 谈判一方面是科学，一方面也是艺术，所有的谈判知识和技巧，都是在我们不断犯错的过程中总结出来的经验教训，从另一个角度说，学习谈判的方法，就是通过不断犯错。

6. 谈判的定义：谈判是冲突各方通过设定立场，提出建议，做出取舍，交换价值，进而达成共识的过程。

7. 大道至简，越简单的才越直接、越有效。在谈判开始阶段，千万不要迷恋复杂的设计，越复杂的设计容错率越低，越复杂的策略越容易把对方绕晕，也越容易把自己绕进去。

8. 兵无常势，水无常形。一定不要让既定战略和战术禁锢了自己，常审时度势，常驻足思考，保持冷静，时刻准备应对变化。

9. 谈判其实是一种升维思考问题的方式，如果双方在一维空间或二维空间里有冲突，那就引入更多变量将双方带到高维空间，从更高的维度寻找解决问题的办法。

10. 对我来说，谈判不是一种说话方式，而是一种思维模式。因此本书的核心并不是教人怎么说话，而是与读者一起探讨如何在冲突中解决问题。

11. 谈判其实就是对于交易价值的重新梳理。不妨回到商业的本质，回到"物物交换"的时代，看看如何通过不等价交易帮助双方走出冲突地带，并对交易进行重构。

12. 整个人类的发展史就是一个不断被连接的过程。通过"思想的联结"，人们才可以相互协作、创造价值，才可能化解误会、解决冲突。

13. 谈判的基础是信息的交互；谈判的本质是价值的交换；谈判的结果取决于决策机制。这也是本书主要探讨的三大问题。

14. 追求完美，并不意味着我们可以达到完美，那不如做一名不完美的完美主义者。"不求最优，但求改善"，这种心态有助于我们建立正确的谈判观。

15. 在没有绝对优势的情况下一味地保持强势，只会逼得对方同样采取不合作的谈判态度，这将导致双方提出的方案只会越来越差。

16. 我更倾向把谈判看作对多方重新赋能的过程，而这需要在锚定自己的目标时能兼顾对方的目标和跟对方的关系。

第二章

谈判的要素

有次在巴西圣保罗讲课时，有学生问我，如果在没有准备好的情况下该怎么谈？我的回答是：不谈！这名学员又继续问我，在谈判桌上该怎么随机应变？我的回答是，不要随机应变！越是有经验的谈判者，越不会迷恋于随机应变。他们往往会花大量时间进行细致和系统的筹划。他们之所以给别人留下处乱不惊、随机应变的印象，完全是他们认真准备和长期积累的结果。《孙子兵法》有云："善战者之胜也，无智名，无勇功。"善战者无赫赫之功，以少打多还能大获全胜，这些只是流传下来的小概率事件。千万不要被"幸存者偏差"和媒体的宣传蒙蔽了自己的双眼和心智，更不要因此改变了自己的行为准则。

谈判和所有其他的事情一样，没有充分系统的筹划准备，没有日积月累的实战经验，取得不好的结果就是大概率事件。不要心存侥幸，用你的业余去挑战别人的专业。善弈者通盘无妙子，只有日拱一卒的精神和坚持。英文里也有句谚语："If you fail to plan, you plan to fail."。翻译成中文，这句话的意思就是："如果你没有计划，那就是计划失败。"

然而，遗憾的是，根据我们在全球所进行的调研，近乎一半（48%）的受访者说他们没有时间准备谈判。这些受访对象可都是高级经理人，所负责的单子动辄要上千万。有人说谈判是世界上赚钱最快的方式，但谈判其实也是世界上赔钱最快的方式。公司投入了大笔的资金资源、大量的优秀人才，进行数年的研发；高薪聘请职业经理人对公司进行卓越管理，在生产、市场、销售、运营各个环节严格控制成本；最终，人们却在谈判桌上一掷千金，并且毫不手软。

这本书第二章中，我要和诸位分享的是，那些经验老到的谈判者在上谈判桌前都会做什么准备。为了便于记忆，我把这种系统性的筹划方法归纳为5C谈判筹划模型，这里的5C实际上是Conflict、Core、Constraints、Compromise和Conditions的缩写，分别代表着谈判的几个关键要素：冲突地带、核心诉求、限制因素、妥协空间和表外条款。

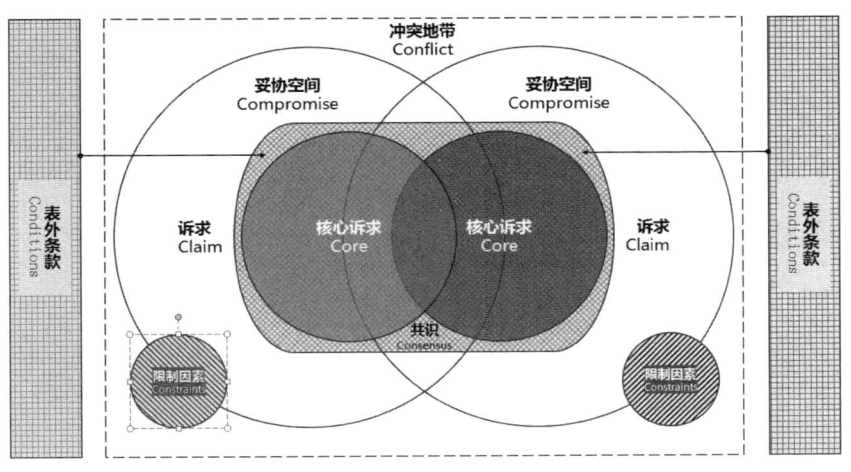

图2-1　5C 谈判筹划模型

冲突地带：详细列出各方有分歧的地方

在本书第一章中，我曾提到过，谈判其实是冲突管理的一种方式。在谈判之前，人们首先应该做的一件事情就是正确识别当前的冲突。不要笼统地列出双方在哪方面有分歧，而是要把分歧具体地、全面地梳理出来。

比如，我想在"闲鱼"上把自己的 5D Mark III 卖掉，因为我现在已经有了华为 P30 Pro，这款手机已经完全能满足我在世界各地旅拍的需求了。为了避免相机在家里落灰，所以我期望以 10000 元的价格把它卖掉。在闲鱼这个平台上，我以 12000 元的标价将相机挂了出去，期待能找到一个好的买家。

找我的人很多，其中大部分人都想当面看看相机的成色。然而，由于经常出差不在家，所以我只能让他们等我回家时再约定时间。不过，有一个人直接报出了 8000 元的价格，我本身的底线是 9000 元钱，所以 8000 元钱完全不在我考虑的范围之内。针对这笔交易，我们不妨来一起画张图。

在图 2-2 中，A 点是我的诉求，B 点是我的底线，C 点是对方的诉求，X 点是对方的底线。大家可以一起来想一想如下几个问题：

- 我们有冲突吗?
- 冲突地带在哪里?
- 我们有机会成交吗?
- 成交空间又在哪里?

首先,我们肯定是有冲突的,对方想 8000 元买,我想 12000 元卖,这是一个典型的买卖冲突。通常买家想买得更便宜,卖家想卖个好价钱。以这个例子来看,在 8000 元到 12000 元之间,就是我们的冲突地带。

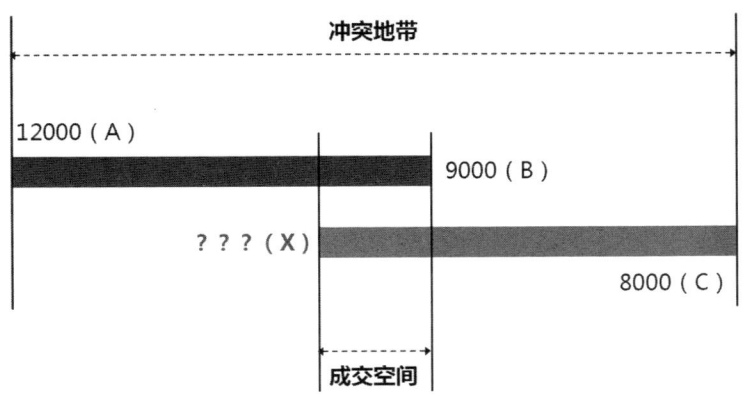

图 2-2 谈判的冲突地带和成交空间

那我们有成交机会吗?我知道我的底线是不能低于 9000 元,只要对方的底线高于 9000 元,我们就是有机会成交的,否则就没有机会。成交空间在哪里？我们假设在这个例子里对方的底线是 10000 元，那成交空间就在 9000 元到 10000 元之间。**归纳一下，双方的诉求决定了当下谈判的冲突地带，双方的底线决定了当下谈判的成交空间。**

可从真实的谈判来看，人们当然比较容易知道自己的诉求和底线（之所以用比较容易这个说法，是因为我经常看到有些人真的不知道这一点），也比较容易弄清对方的诉求。然而，那个神秘的 X 点在哪里呢？这才是更值得关注的地方，因为对方的底线（X 点）实际决定了双方是否有成交空间。这也就是我们经常在谈判时讨论到的一个话题"如何探底"。我们先在这里建立这个概念，在本书后面的章节我会详细讲解探底的技巧。需要说明的是，再厉害的谈判技巧也没办法帮助你改变成交空间，这是所有人要面对的客观情况。我们能做的是如何利用技巧去发掘成交空间，找出成交机会。

核心诉求：明确自己必须达成的谈判结果

自己要从这场谈判中得到什么？这是在谈判时最先要明确的

事项，该把准星瞄准在什么地方，要有以终为始的精神。我常听到的说法是：要达成交易，要取得更好的价格，或绝对不能丢掉这个客户。不过，这些都不是设定目标的好方法。

在设定目标时，我们可以参考和遵循 SMART 原则。SMART 原则是管理大师德鲁克（Peter Drucker）在其 1954 年出版的《管理实践》（*The Practice of Management*）一书中首先提出的。德鲁克认为，一个好的目标需要按照以下原则来设定。

Specific（具体的）：目标要足够明确。"取得更好的价钱"并不是一个好目标，太笼统了，很难帮你判定有没有实现自己的目标——这会让你不知道什么时候该收手，且很容易被情绪及应激反应带偏。同样，这也不利于你和他人沟通自己的目标，包括内部和外部：比如，对内来说，大家可能对"更好"有着不同的理解，有的人觉得这个项目能够控制在 120 万元以下就已经很好了，有的人觉得绝不能超过 100 万元；对外来说，如果对方没有看到你明确的目标，他也不敢随便答应你的诉求，这源于我们对不确定性的一种自然抗拒，后面还会展开探讨这个问题。

Measurable（可衡量的）：目标要可以衡量。目标有没有达成？达成的效果如何？"我要通过谈判达成一笔优秀的交易。"这不是一个可以衡量的目标，什么是优秀？如何界定？"我要为公司达成一笔毛利率不低于 28% 的交易，挑战目标是 35%"——这就是一个可以衡量的目标。为了实现可衡量性，设定一个具体的目标是前提条件，否则便无法做到"可监可控"。

Attainable（可实现的）：目标要可以实现。简单来说，就是目标要够得着，不要设定一个遥不可及的目标，到最后实现不了，这样只会挫败己方的信心和锐气。如果在执行过程中大家都没有信心，那就更加得不偿失了。虽然俗话说"求上则居中，求中则居下，求下则不入流"，但目标的设定是为了让大家踮着脚或跳起来能达到，而不是让大家觉得是在买彩票。如果要挑战一下，不妨考虑使用引入平衡计分卡（Balanced Score Card）的方法，对目标进行细分设定。比如，还是以毛利率的问题为例：良好（Robust）是28%，目标（Commitment）是30%，优秀（Stretched）是35%，据此再和相应的激励机制联系起来。这样谈判代表和团队就会很清楚最低的达标标准，也知道如果能进一步优化交易质量，他们可以拿到更好的激励。

Relevant（相关的）：谈判目标要和实际目标有相关性。比如，如果你的目标只是赢得谈判，那么就和你的实际利益并没有直接关系。显然，你设定的目标一定能解决你的问题，但它能不能被接受的关键，还取决于是否也能解决对方的问题，同时还不能突破对方的底线。在设定目标时一定要尝试坐到桌子对面去，从对方的角度设身处地地考虑一下。一般情况下，你提出方案是为了达成交易，而不是为了制造僵局。当然，可能有人要说，自己是为了故意激怒对方，然后再趁乱打劫。先不说这种策略好不好，即便真准备这样做，你仍需要一个切合实际的备案。只有这样，当想成交时，你才知道该以什么方案来成交。

Time-based（有时限的）：目标还要有时间限制。不要只是说我要拿下这个客户，一定还要给自己设定一个时间节点，比如"我要在今年第三季度前拿下这个客户"。这样你就会知道该如何分配自己的精力，也知道在不同时间该去协调什么样的资源。在有些情况下，这样做也可以把你的时限传递给对方，让双方都有一定的时间压力。

如果还能再进一步，你可以思考一下对方可能的目标，这一定会帮助你准备得更加充分。不过，要注意的是，你必须知道所有这些思考都只是"可能"，或者说这些只是你的想象和假设，不是事实。真正上谈判桌时，你还是要放空心态，尝试去了解对方，不要活在自己想象的世界里，有时你会发现自己的假设实在错得离谱。

既然核心诉求是你必须要在谈判桌上达成的目标，那么达不到这些诉求就不能下谈判桌。其实，这对任何一方都同样成立，对方也有他们必须要达成的核心诉求。各方的核心诉求有可能有交集，但肯定还会有不一致的地方。其实，不管谈判各方在谈判桌上怎么拉扯，最后达成的共识都是能包裹住双方或多方的核心诉求的合集，即：诉求 / 开价（Claim）= 核心诉求（Core）+ 妥协空间（Compromise）。

限制因素：有底线才能做到张弛有度

前面讲到，双方的底线决定着双方谈判的成交空间。然而，在上谈判桌时，很多人其实还未想好自己的底线。如果没有事先想好这个问题，或者没有提前做好准备和进行内部的沟通，那么我可以保证，你在谈判桌上一定非常狼狈。因为你不知道什么时候该进，什么时候该退，什么时候该见好就收，什么时候该坚守阵地。更麻烦的是，你可能会在对方的压力之下完全乱了方寸，只能跟着对方的节奏走。

我们来看看下面几种说法：

- 我的底线是保证这个项目的商务条款不能恶化！
- 我的底线是确保不能丢掉这个客户！
- 我的底线是必须要杀到对方的底线！

这些说法有什么问题呢？显然，问题就是自己不知道什么时候真正触及了自己的底线。打个比方，有个项目你报价100万元，成本70万元。在对方的压力之下，你逐渐让步到90万元，项目毛利空间还有20万元。然而，甲方仍要求你继续降价，你该如何判断，又该如何应对呢？赌上一把，坚决不从，还是迫于压力继续降价？问题的关键是，你也不知道再降多少合适，只能在压力之下仓皇出牌。这可能是很多人经常会面对的一种情况，最终的结果往往是一降再降，直到对方满意为止。

想象一下，如果你有一条预设的底线，比如销售毛利的红线是20%，目标价格的底线便是87.5万元（成本70万除以80%），这时你心里是什么感觉？一种有底的感觉。有一条确切的底线后，我们会更清楚自己的空间在哪里，这样才能做到张弛有度。就算还是要妥协退让，至少你可以把握节奏，而不是在压力之下慌乱出牌。**如果你都不知道自己的底线在哪里，对方更不会知道，这时对方的策略往往是：让我来试试对面的家伙的底线到底在哪里？**

无论如何，我都会建议你在上谈判桌前设定清晰的底线，并把其作为你谈判的边界。一旦突破这个边界，你可以直接叫停，利用休会去思考这到底是不是对方的核心诉求？需不需要对你的底线进行调整？同时利用休会也让对方感知已经触及你的边界，或者超出了你的授权空间，也给对方一个思考和调整的空间。

我理解，在很多情况下，给自己划定一条清晰的底线是很困难的。主要的原因就是，如果你没有退路，那就真的很难拍桌子走人。因此，在准备的时候，你也要仔细盘算一下，如果谈判没有结果，那你的备胎计划在哪里？什么时候需要启动你的B计划？如果这么做，你或许就能倒推出自己的底线。另外，无论如何也不要让对方感觉到你没有退路，否则你就会被对方捏得死死的。

华为花了上千亿元打造自己的备胎计划，备胎不一定要启用，但是一定要有。谈判其实也是一场实力的较量，脱离当前实力比对和实际情况的任何技巧都是不切实际的纸上谈兵。

理解限制因素也包括理解对方的限制因素，尝试去了解对方所面临的处境和挑战，如果你能帮对方找到合适的方式和理由去突破他的限制因素，那其实就等于帮助了自己。当然，从另一个方面来讲，如果你没有办法帮助对方解决他的问题，也尽量不要在他的限制因素上撞墙和死磕。

理解限制因素还包括掌握对方的底线，谈判不是要努力尝试突破对方的底线，如果这样做你只会发现自己在使用蛮力。"上兵伐谋，其次伐交，其次伐兵，其下攻城；攻城之法为不得已。"强行突破对方的底线其实就是在用攻城之法，你是在给自己树立一个长期的敌人。想象一下，就算今天对方迫于压力和你达成协议，在日后的执行过程中，他会开开心心地履行你们当初的约定吗？

尝试去理解对方的目标和底线，如果你还能搞清对方对于当下交易的评判标准，那就可以尝试按照对方认可的标准包装出一个让对方感到满意的交易（注意这里说的是让对方感到满意的交易，而不是对对方更有利的交易，满意是很主观的感受），你说不定可以从谈判中获得更多自己想要的东西，本书在后面也会展开介绍怎么能在谈判中做到：让对方满意，让自己获益。

如果你知道了对方的诉求，又了解了对方的限制，实际就是搞清了如何从对方的角度看待这场谈判的利害关系。对方的核心诉求和限制因素，实际也就是你手上的牌。如果你再回过头来看看自己的核心诉求和限制因素，这些其实也是对方手上的牌，你也就洞悉了谈判桌上的权力平衡。

当然，这些信息并不是轻而易举就能获取的，但是它们一定值得你投入足够的精力去挖掘和探寻。很多人跟我说，自己搞不清谈判桌上的权力平衡，或者说感觉在谈判桌上完全被对方碾压。我一般会问他们，有没有花足够多的时间去收集和分析这些信息。有意思的是，甲方和乙方均会就这一点向我诉苦，而且数量好像不相上下。

妥协空间：所有的让步都是有预谋的

有经验的谈判者都很有灵活性和懂得变通。他们很清楚，僵在那里，什么交易也达不成，没有人希望这样。如果你实在觉得没有任何的谈判空间，那就没有任何谈判的必要了。这种情况下，你不如直接给对方发一封信，明确自己的诉求，然后结尾再加上："Take it or leave it!"（要么接受要么放弃！）。我知道永远有人乐于这样铤而走险，因为可以"赢者通吃"。不过，在用这招的时候，同样要做好准备，因为对方可能真的会拒绝。

实际上，这种给对方下最后通牒的方式，在我看来有点儿像直接跟对方坦白自己的底线。如果这些真是你不可妥协的底线或者核心的诉求，那你不如在上面再包裹上一些让自己更有灵活性的空间和其他诉求，一起发给对方。

在谈判桌上有一种说法：所有的让步都是有预谋的。 很多经验老到的谈判者在设定目标时往往会通盘考虑和仔细推敲，随后，他们还会预留一些可以在谈判桌上灵活变通的空间。虽然他们不会上来就告诉对方自己的妥协空间在哪里，但他们会提前准备好哪些是可以谈的，而不是在谈判桌上迫于对方的压力而见机行事，"随机应变"很多时候其实是乱出昏着儿的"车祸现场"。一旦真出现了预料之外的情况，他们一定会叫停，退回自己的阵营，让自己头脑冷静地想一想，或者征求一下内部其他人的意见。怎么样征求大家的意见和进行内部的沟通呢？这里有一个关于分工的 ARCI 模型（亦称"阿喜法则"）[①]，该法则也经常在企业中被当作沟通模型，大家可以做个参考。

Accountable（成果责任）。谁对谈判的结果负责？这个人有可能都不会进入谈判室，但他需要对谈判的进程和最终达成的协议负责。如果超出了我们预设的底线，谁来拍板；如果谈判出现什么问题，谁来担责？如果不能完全对结果负责，那在事先要明确谈判团队有多大的授权，又要承担多少的责任，这个边界要界定清晰。

Responsible（执行责任）。谁负责进行当下的谈判？如果是一个谈判小组，每个人该如何分工？有没有不同的角色？比如谁来做主谈？谁来提出问题？谁来回应对方的问题？对于谈判的领域有没有划分？这些都是需要在上谈判桌前确定好的，千万不要在上了谈判桌后出现面面相觑、七嘴八舌等自乱阵脚的情况。

Consulted（被咨询）。很多时候我们在谈判桌上并不能回对

---

① 源自以服务为导向的 IT 服务管理（ITSM；IT Service Management），逐渐成为全球企业重视的管理概念与标准，是英国资讯协会（ITIL）与美国专案管理师协会（PMI）用来推动跨部门沟通与管理的有力工具。

方所有的问题，这很正常，对方也不指望你能回答全部的问题。如果对方故意围攻你："这都不知道，你还来跟我谈什么？"这个时候千万不要迫于压力急于回应，遇到处理不了的问题，一定做好澄清和总结，确保你理解对方的问题。然后，你可以先退下来，咨询相关领域的专家或决策者，听听他们的意见，再做回应。你一定不希望自己"把胸脯拍碎"才拿到的协议在内部成了众矢之的。当然，在你决定赌一把时，一定要先确定自己能不能兜得住这个底。如果兜不住的话，还是建议你咨询一些能兜得住的人。

Informed（被知会）。我知道你们一定碰到过这样一种人，平时不回复邮件，开会也不出现，但最后要执行的时候，他们的意见比谁都多。对于这些人，我的建议是，还是要知会他们，并且在邮件或会议纪要上注明，有不同意见请在某个具体时间之内提出，比如 48 小时内。千万不要以后不再通知他，他不回应是他的责任，你不知会就是你的责任了。其实，在更多的情况下，我们需要知会的是一些相关部门，他们不一定要直接参与谈判和决策，但是他们需要知道谈判的进程和情况，以便他们做相应准备并提前协调资源，或者在有重大风险隐患时能及时告知参与谈判的人员。

当然还有一种极端情况，就是内部意见完全不统一。不妨以英国"脱欧谈判"为例，在这种情况下你可能有三种选择：

- 变成特蕾莎·梅（Theresa May），尝试先在内部统一战线。不过，你要确定自己有这个能力，能"搞定"内部各利益集团的诸位"神仙"。如果自己没有这种能力，那你也可以参考一下"梅姨"的结局，即搞得自己里外不是人，最后众叛亲离，黯然离场。

- 变成能言善辩的鲍里斯·约翰逊（Boris Johnson）。经过几次尝试后，他明白自己搞不定议会（再次说明辩论在利益冲突面前没什么用处），因此他决定直接关闭议会。"你们都闭嘴吧，这事我一个人搞定，出了娄子我一个人扛，成功了我就是民族英雄，没成功的话，我也是个人物。"这种方法的关键是他要确保自己能撑到最后。

- 不要忘记了还有戴维·卡梅伦（David Cameron），干脆逃之夭夭，发现这个烂摊子实在收拾不了，那不如"三十六计走为上"，谁有能耐谁来吧！

没有一个坚实的后盾，你是很难有底气在谈判桌上跟对方周旋的，也很难保证在谈判桌上达成的协议最终能落实。因此，有的时候，内部谈判比外部谈判需要耗费更大的精力。很多学生向我求助，往往是因为内部遇到了很棘手的问题。

在确定自己的目标、战略、战术的同时，我们也要时时掌握和获取对方的信息。除了前面说的对方的核心诉求和限制因素，还要搞清对方的谈判团队的构成。这里面谁是决策者。

如果是和对方的决策者直接面谈，那你还需要搞清楚他所处的环境和可能提出的诉求。你是否有足够的授权针对对方所提出的诉求做出让步和成交的决定？

如果不是和对方的直接决策者来谈，那你就要搞清楚：对方的谈判代表有多大的授权空间，对方的决策链又是怎样的？对方的谈判代表对最终结果有多大的影响力？

要尽量明确对方的阵型，并采取相应的策略，不要在没有明确对方能不能做决策之前就大幅让步。这样就能避免对方在拿到你的全部优惠后突然说，还要再请示下领导，然后等其领导出来以后再重新进行一轮谈判。如果出现了这种情况，你就无牌可打、退无可退了，只能在突破底线和无奈放弃之间做出选择。

如果对方一直向你施压并索要条件，而且这些条件又确实在你准备好的妥协空间之内，可是你并不清楚对方是否可以直接决策，那么你到底该不该答应对方的条件呢？很多学员给我的答案是，他们一般还是会再做一些让步，希望用让步换成交。这时我经常会反问一句："这是你的希望，还是事实？"这其实是我们在谈判时很容易掉入的一个陷阱，我们尚不清楚对方的情况,却因为急于求成,在还不清楚对方会做何反应的时候就把手上的牌打光了。要知道,单方面的希望或幻想并不是一种有效的谈判策略。

> **技巧 3:留有余地。** 当在谈判桌上不知道面前是陷阱还是大道的时候,你不妨直接把这个问题抛给对方。"假设我同意贵方的条件,那咱们今天是否可以达成协议?"这种问题的好处是,可以推开那扇虚掩的门,探探对方的虚实,确保好钢用在刀刃上,避免竹篮打水一场空。我建议,在谈判中,大家可以多尝试问问这种假设型的问题。

根据本章开头提到的 5C 谈判筹划模型,其实诉求 / 开价就是核心诉求加上妥协空间。一定要学会用你的妥协空间去保护你的核心诉求。这也是我一直建议在核心诉求上多加一点儿去开价的原因,以后都建议你要给自己和对方都留有一定的空间。

> 诉求 / 开价(Claim)= 核心诉求(Core)+ 妥协空间(Compromise)

上谈判桌之前一定要想好:自己在哪些方面有灵活性?如果谈不成的话,自己还有什么选择?如果你一个人想不清楚这个问题,或无法决策、无法对决策和结果负责,一定要拉上内部可以拍板和有利益牵连的人一起讨论清楚。这样就能避免你在谈判桌上"拍碎胸脯"承诺的东西无法兑现，让自己在内部和外部都陷入非常被动的局面。

表外条款：通过全新变量将冲突"升维"

我们前面提到谈判就是要在高维空间解决低维空间的分歧，那么怎么升维呢？其实就是要学会使用表外条款，通过引入更多的变量，把谈判拉升到高维空间。

H公司提供复印机租赁服务，而U公司是他们刚签的一个集团客户。在项目执行过程中，H公司发现维护费用严重超支，导致整个项目几近亏损。H公司多次尝试和U公司进行协商，但都没能找到问题的症结。U公司坚持，H公司必须保证服务水平协定（Service Level Agreement，SLA），这也意味着H公司没法对项目进行成本优化。租赁合同一共签了3年，随着设备的老化，后期的维护成本还会抬升，这就意味着这个投入数百万美元的大单就要陷入亏损。然而，如果中途退出，除了巨额赔款还涉及商誉上的严重影响。

H 公司的客户代表陷入了左右为难的境地。经过多次和客户的磋商，在提高服务价格和优化维护成本均无望的情况下，H 公司的商务总监提出了一个新方案，即把本来 3 年的合同延期到 4 年。这样一来设备成本在前 3 年已经完全摊销，第 4 年的租赁收入对于 H 公司几乎是纯利。除了足够补贴前 3 年的可能亏损之外，这个新方案还将项目完全拉到了公司要求的毛利红线之上。H 公司同时承诺，3 年后自己负责更新可能出现问题的陈旧设备，保证 U 公司能够正常使用。U 公司最为关注的设备使用和服务水平协定也得到了解决，也没有付出额外的成本，因为 3 年租赁合同结束后 U 公司仍需要租赁同样的设备。

在 H 公司商务总监引入了时间这一个变量之后，一个看似无解的冲突完全升维到了一个新空间，在这个空间里甲乙双方的问题都得到了很好的解决。

> 技巧 4：时空转换。在思考该引入什么样的变量时，你可以考虑一下怎么能在时间上做点文章。时间是一个好朋友，很多在当下无解的问题，放在更长的时间维度上就可以很好地解决。

之所以说用时间换空间，是因为真的有一些问题我们可以尝试把空间上的冲突转化为时间轴上的问题进行解决。我就亲身经历过这样一件事情。

有一次我坐飞机从深圳前往约翰内斯堡，我选的是后排靠窗的位置，希望飞行途中可以靠着窗户睡个好觉。上了飞机之后，我发现边上的座位没有人，就把电脑放在了上面。有一位年纪较长的大姐坐在我同排靠走道的座位上。当时是半夜，飞机还没起飞我就已经睡着了。过了一会儿，我感到有东西在碰我的腿，睁眼一看，原来是那位大姐直接横卧在座椅上，而且把脚搭到了我的座位这里，还压住了我的电脑，我心里的火立马就上来了。我拍醒了这位大姐，她其实也还没有睡着。我正准备义正词严地跟她讨论"领地"和"礼貌"的问题，突然用余光一瞥，发现后排还有空座。于是，我忍住马上就要爆发的怒火，跟这位大姐说了下面这段话："大姐您是要睡觉吗？我看后面还有空位，要不这样，我去那边先坐一会儿，这样你能躺平，睡得更舒服，过6小时咱俩换一下，你看这样可以吗？"如果你是那个大姐，你会如何考虑这个建议呢？最终我们俩各自很舒服地睡了6小时。到约翰内斯堡之后，我简直精神满满。到酒店后，我叫了一杯咖啡，然后一边看书一边想，这样的安排比双方划定"三八线"，然后在各自的座位上耷拉着脑袋蜷缩13小时要棒多了！

用时间换空间时，有一个小细节可以注意一下：我没有要求大姐立刻起身换到后面去，而是让她做出6小时后的承诺。

行为科学家托德·罗杰斯(Todd Rogers)和马克斯·巴泽曼(Max Bazerman)最先提到了"未来绑定法"。当人们知道自己的行为不对时,他们往往不愿意"立刻"就纠正,因此如果你想让他人接受某些改变,那么比起让他立刻就改,把改变放到未来某个阶段的成功率更高。还要注意的是,在把现在的问题放到时间轴上去解决时,双方探讨的东西要特别具体和落地,不然容易变成"画大饼",很可能虽然获得了对方的同意却无法落实。

有一次,在提供咨询服务时,客户向我表明其期望清单只有一项:和对方达成长期战略合作。我在给客户反馈时说,这一条等于白列,甚至不如不列,因为会导致在谈判桌上空谈。该期望清单甚至都不如改成"双方就达成战略合作发一篇公关稿",这样还比较实际一些。后来,我们一起花时间重新做了一张如下的期望清单:

- 同一项目在相同商务条款下乙方有优先续约权。
- 双方每年进行一次CEO级别会谈。
- 双方每年共同举办两次市场或战略峰会。
- 甲方CXO级别领导每年在乙方主办论坛上发表主题演讲。
- 乙方在甲方有场地条件的城市开展培训,甲方在时间合适的情况下提供场地支持。

- 乙方员工在甲方项目出差时享受甲方协议酒店待遇。
- 甲方邀请市领导和当地媒体见证甲乙双方签署战略合作协议。
- 甲方在所有门店大屏滚动播出和乙方战略合作，时长30天。

事实上，作为世界上最古老、规模最大的独立谈判机构之一，苏格兰坊为每个顾问所提供的福利里面，就有在工作生活中面对各种常见谈判时的条款清单，包括跟酒店谈判的条款清单、跟餐厅谈判的条款清单、跟客户谈判的条款清单……

说到这里，我突然发现，公司好像没有给我跟公司进行薪酬谈判的"锦囊"，不过这还能难倒我吗？我在本书最后一章也会和大家分享关于薪酬谈判的一些心得。

你在日常谈判中有自己的表外条款吗？如果没有的话，赶紧花时间和你的同伴们一起通过头脑风暴将它们制定出来吧！不过，我好像还没有说表外条款该怎么用。你也可能会问，主要的事情都还没谈清楚，准备这些看似不相关的表外条款干什么？这里先卖个关子，在后面的章节，我会教大家怎么用这些表外条款去创造更大的价值。

> 技巧5：集思广益。在谈判前多找不同的人商议，跟他们说说你的想法，也听听他们的意见和建议，这样可以帮你打开思路。人在面对冲

突和压力时很容易"变傻",通过与人交流,可以让你避免活在自己的世界里。你也可以提出自己的方案,然后让其他人从谈判对手的角度考虑一下,相当于先进行一下预演,这在面对重大和复杂的谈判时尤为重要。

时间管理:聚焦谈判各方的优先事项

很多人不喜欢谈判,也不愿意在谈判上花时间,实际上,只要时间分配得合理,我们在谈判中可以有更好的表现和更高的产出。当有了一定的经验和章法之后,在谈判上投入的有质量的时间越长,也越有机会通过谈判挖掘和创造出更多的价值。如果要按时间长短来算,准备谈判的时间至少应该占整个谈判时间的80%,剩下的20%才是花在谈判桌上的时间。如果套用时间管理的经典模型,那么就能很清楚地明了与谈判有关的时间管理问题。

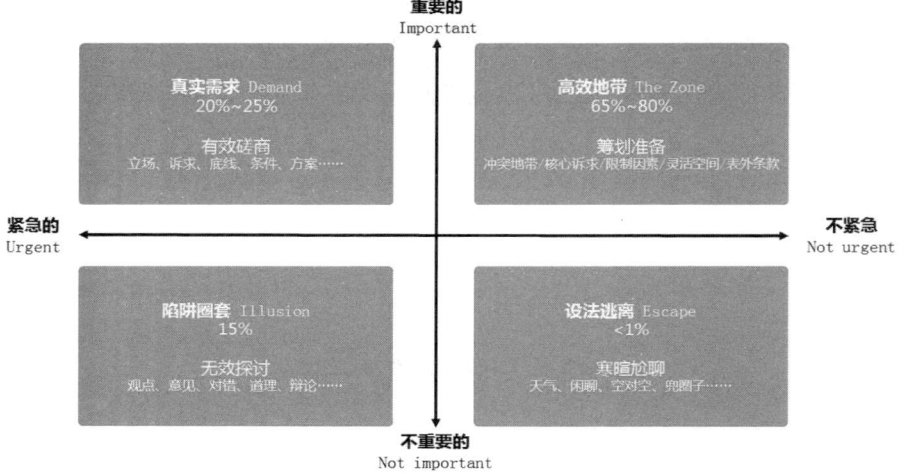

图 2-3　谈判的时间管理四象限

・第一象限：重要又紧急。这涉及谈判中的真实需求，包括了探讨各方的立场、核心的诉求，还可能涉及不可触及的底线、一些额外的条件和条款、不同的可行方案等。这些事情均属于谈判中的优先事项，而且在处理这些事项时，大家的压力一般都比较大，因为有来自时间、对方、己方或如何跟领导交差的压力。

・第二象限：重要不紧急。这是真正该花时间的地带，也是第二章的主要内容，该如何去系统性地准备和筹划一场谈判呢？这需要充分发挥你的创意，还可以向他人求助，抓住这个开卷考试的好时机。在这里花的时间越多，你在谈判桌上就越从容，说不定还能创造更多的价值。

·第三象限：紧急不重要。这里是谈判中的陷阱和圈套，我们看似在慷慨陈词，谁知对方却毫无感觉；我们针锋相对，为谁对谁错争得你死我活；我们唇枪舌剑，摆事实讲道理却陷入循环争辩……有的问题看似必须分个青红皂白，但对谈判结果毫无意义。这就是人们经常在谈判中产生的幻想，也是谈判当中的垃圾时间，你必须尽量压缩在这里的无效讨（辩）论。

·第四象限：不重要、不紧急，就是扯闲篇了。我不是说通过寒暄建立好的合作气氛没有意义，不过还是把这些事情留在谈判之外的日常时间吧。真正到了谈判桌上，还是要尽量和尽快建立高效沟通，不然只会压缩双方有效的谈判时间。同时，你最好希望你不是最后迫于时间压力而只好仓促成交的那个人。

〉〉〉 敲黑板：

1. 在谈判之前做好充分的准备和筹划非常重要，越是有经验的谈判者越懂得准备的重要性。如果没有准备好，不要急于上桌，不要幻想自己可以在谈判桌上随机应变。

2. 有人说谈判是世界上赚钱最快的方式，但同时谈判也是世界上赔钱最快的方式。企业在日常经营中投入了大笔的资金资源，却很容易在谈判桌上一掷千金，且毫不手软。

3. 首先要搞清楚当下的情况，即各方的冲突空间在哪里？各自是如何定义当下的问题的？想想在当下的冲突空间中，各方的潜在成交空间或者谈判空间又在哪里？

4. 谈判的各方都存在核心诉求。最后达成的共识基本是能包裹住双方或多方的核心诉求的合集。

5. 想想你的核心诉求是什么？在达成什么样的目标时可以关闭交易？对方又是如何定义他们的目标的？这其中哪些又是对方的核心诉求？

6. 把你的核心诉求列下来，制定目标要符合 SMART 原则，如果不记得，至少要满足的两条是：目标要具体，目标要现实。

7. 如果你能帮对方找到合适的方式和理由去突破他的限制因素，其实也是在帮助你自己。如果你没有办法去帮助对方解决他的问题，也尽量不要在他的限制因素上撞墙和死磕。

8. 要避免你在桌上"拍碎胸脯"答应的东西，因为自己内部的沟通问题而无法实现，这会让自己在内部和外部都陷入非常被动的局面。

9. 要搞清楚对方的谈判队伍以及他们的授权空间。如果对方的谈判者并不是最终决策人，那还要搞清楚对方的决策链条和决策流程，这样做的目的是要把好钢用在刀刃上。

10. 在上谈判桌之前就想好你该如何开价及如何让步，学会利用妥协空间来保护核心诉求。

11. 不要局限在当下的冲突空间里，想想你和对方还有没有什么其他可以谈的议题，可以借机把这些表外的条款拉进来一起谈。

12. 准备好你的表外条款。在这方面花多少精力都不过分，时间可能是一个好朋友，不要忘了利用时间这个变量帮自己争取更大的谈判空间。

13. 做好谈判的时间规划，把更多的时间资源用来处理最核心、最复杂的问题，避免在一些细枝末节或大原则上面消耗掉过多的战略资源和时间。

第三章

谈判中的沟通

谈判归根到底是一种人际交互的活动,而且是超级复杂的人际交互活动。在日常沟通中,人们不用面对冲突和压力,并不需要达成共识,也无必须实现的目标。比如,朋友间的聊天更多是在分享各自的想法,夫妻间的吵架有时只是在为情绪找出口。谈判就完全不同了,人们不仅要在巨大压力下处理当下的冲突,还必须在既有分歧的基础上尽量达成有共识性的协议。

沟通是谈判的载体,高效沟通既是谈判的基本功,也是谈判的必修课。可以先看一下图3-1,人们想表达的和对方理解的可能"失之毫厘、差之千里"。你说什么不重要,对方听到什么才是最重要的。如何在巨大压力和复杂情境下尽量保证信息传递的准确性和有效性?如何准确接收和获取对方的真实信息和意图?这就是本书第三章要解决的核心问题。

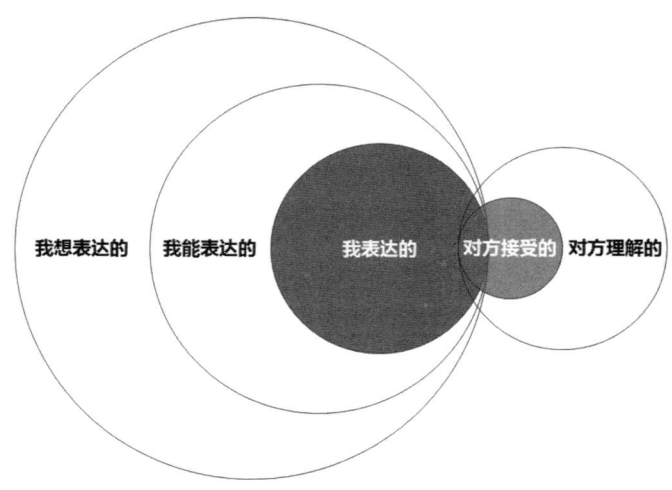

图 3-1 谈判中的沟通问题示意图

动机：从对方的角度梳理和应用自己的权力

谈判的目的是双方或多方之间达成共识。然而，根据我们针对全球 31 个国家、涉及 51 个行业的 4693 名受访者的调研，大部分谈判者只关心自己的利益和诉求，只有 15% 的谈判者会尝试了解对方的目标。其实，对手的目标往往比自己的目标更重要，为什么呢？因为对方也有决定权。

打个比方，一个男孩子去追求一个心仪已久的女孩子，由于是男孩子发起了攻势，所以他掌握了建立关系的主动权。然而，俩人能不能在一起取决于女孩子答不答应，因此这是女孩掌握了确定关系的决定权。该男孩子显然必须想尽办法搞清楚女孩子的心思，才能投其所好，进而增强自己获得青睐的机会。

Seek first to understand, then to be understood。

先尝试去理解，再寻求被理解。

——史蒂芬·柯维博士

谈判也是一样，当对方也有决定权的时候，搞清对方的目标，有助于更好地实现自己的目标。如果完全不顾及别人的目标和利益，那么你实际也是在放弃创造和争取潜在价值的机会，等于放弃了谈判中的主动权。

很多时候，你有跟对方谈的诉求，而对方不一定有类似的诉求；或者你急不可耐地想立刻达成交易，而对方可能完全没有时间压力；或者他有很多其他选择机会，因此只是想听一下你的最高出价，但并不想仓促决定；或者你的成本压力导致你已经没法按照当前的价格继续供应，因此急需和客户就未来价格重新签署一个新协议，但他完全没有计划要给你涨价；或者合同执行到一半时，你发现当下的条款无法保证你所期望的服务质量，同时其他竞争对手的攻势越来越勇猛，但你的独家供应商并不想就服务水平的约定做出任何调整；或者你发现，同时进公司的同事其薪水涨得比你快，于是你想跟老板谈谈涨薪幅度的问题，却不知道该如何开口……

人们可能总是陷入这样的境地，自己空有一腔热血，对方却毫无兴趣。这个时候，我建议你去思考一个问题：别人为什么要跟你谈？他的动机在哪里？设身处地地想想，假如你处在对方的位置、面临其当下的问题，你会怎么考虑呢？我建议大家可以从以下两个方面考虑这个问题：

· 你有没有对方想要的东西，即对方对你有没有利益诉求？

· 你手上有没有让对方担忧的东西，即对方是否对你有所顾忌？

其实这两点基本上构成了谈判桌上的利害关系。如果你手上没有对方想要的，也没有对方顾忌的，那么对方为什么要跟你谈？为什么要答应你的诉求？没有人是来谈判桌上做慈善的，因此与其抱着侥幸心理希望对方网开一面，不如丢掉幻想，认清人们趋利避害的本性。如果没有相应的利害关系，也就是你手上没有牌，那么你在谈判桌上就失去了推手和抓手。

比较有意思的是，人们往往以为乙方是天然弱势的一方。然而，如果真是这样，那么向我们咨询的客户应该只有乙方才对。可事实上，经常向我们咨询的客户中有很多其实是甲方，而且是很有分量的甲方。甲方的苦恼居然和乙方完全相同，觉得自己在谈判桌上没有足够的权力。尤其是当他们的选择空间很有限，而且怎么拍桌子也要不到自己想要的东西时，这种苦恼就会越发严重。我们经过分析后发现，不管对于甲方还是乙方来说，问题的核心其实并不是谈判桌上有没有权力，而是人们没有好好从对方的角度去梳理和应用自己的权力。**事实上，权力平衡是客观的，没有任何一种谈判技巧可以神奇地改变桌上的权力平衡。不过，对于权力平衡的认知又是非常主观的。显然，如何解读权力平衡？如何在对方的心中构建权力平衡？就是一门非常重要的功课。**

It is important to know what you want but it is every bit as important to understand what the other party wants. By establishing a meaningful and open dialogue and by listening it should be possible to move towards a deal where the needs of both parties can be satisfied. Don't forget what is in the other guy's shoes!

知道自己要什么非常重要，但同样重要的是了解对方要什么。通过有效和开放的对话和倾听，将帮助我们逼近一个双方都满意的协议。不要忘了设身处地地去考虑对方的问题！

——苏格兰坊谈判专家 大卫·班尼斯特（Divid Bannister）

立场：别想把自己的思想放到他人的脑袋里

当我们遇到问题时，比如意见不一致、有利益冲突，往往希望通过"摆事实、讲道理"来说服对方，但当各方存在实质利益冲突时，这种做法其实毫无用处。俗话说"屁股决定脑袋"，无论你讲得多有道理，对方其实根本不想听，也完全听不进去。因此讲道理最终的结果往往都是让你觉得对方完全不讲道理，对方也觉得你不可理喻。

理想汽车CEO李想曾在朋友圈分享了自己关于公司运营的反思。他毫不保留地指出了一些会议、差旅和商务活动的"负面作用"。李想表示:"过去至少 40% 的会议都是在浪费时间,是在为内部低效的信息流通方式和不过脑子的队友'埋单'。至少 60% 的出差都是在浪费时间,大部分事情你去不去其实什么影响也没有。只是跑过去刷个脸,互相找个安全感,刷个存在感。至少 80% 的商务社交和公开会议都是在浪费时间,一群不知道自己想要什么、看不清本质的人一起刷存在感,比谁更糊涂、更没脑子、更没安全感,相互感染,群体陶醉。"

这些话可能说得比较重,但对于这些反思,李想认为:"疫情让我们回归了事情运转的本质,结果反而更好了,内心也更踏实了。"

实际上,在正式的商务谈判中也存在完全相同的情况。在大量谈判中,很有经验的谈判者还是会经常陷入误区,在说服、循环争辩上花费了大量时间。根据我们在全球各地对超过 100 万个小时的谈判现场的观察研究,这些谈判中的"垃圾时间"占用了整个谈判时间的 80% 之多。之所以称之为"垃圾时间",是因为其不产生任何价值,还容易引发情绪问题,从而导致分歧恶化。有些人很迷恋自己的口才和魅力,因此更容易犯这样的错误,从而忘了关注对方的目标究竟是什么,导致最终也没有达成自己的目标。如果你下回听到新闻报道里说到谈判双方的代表充分交换了意见,那么你就应该知道,其实双方都在各自的频道自说自话,最后什么也没有谈成。

有一句话说得好，世界上最难的事情莫过于，把自己的思想放到别人的脑袋里，把别人的钱放在自己的口袋里。可能会有人认为，很多人就是在干这个事情啊！那么你最好问自己一个问题：影响力是什么时候产生作用的，或者说什么时候人最容易被影响？答案就是在人们没有形成自己的思想体系时，在人们还没有立场的时候，还有就是在人们比较放松的时候。然而，在谈判的时候，双方其实都有自己的立场、利益，而且也不放松，这个时候每个人实际都是很难被影响的。

对自己和对方都应该有清醒的认识，不要活在自己的世界里。这只会导致对当下的情境产生误判。在遇到棘手问题时，我们必须认识到，如果不解决当下的问题，仅仅通过口舌之争就希望于对方舍弃其自身的利益，这样的幻想是不切实际的。有的时候，能说会道，就等于不会谈判。

倾听：有灵活性的地方通常就是突破口

几乎所有的沟通课都会提到一个话题：如何倾听？因为倾听

在沟通中实在太重要了！而倾听又是大多数人最欠缺的能力。中国人有句老话"六十耳顺"，意思是说，人到 60 岁才听得进逆耳之言。倾听是一门大学问，包含很多的技法，不过最重要的其实还是听者的心态。想想平时在听别人讲话时，你是不是经常考虑要如何回应？如果这样的话，你可能就没法真正地听。**听的时候，需要放平心态，不做判断，不做回应，全情地听，共情地听，听是为了尝试去理解，而不是为了尝试去回应。**

英语中有句话："不要急于回应，而是要尝试理解。"（Don't listen to reply, listen to understand。）史蒂芬·柯维更是把听分成了五个阶段：无视地听（Ignoring）、假装地听（Pretend listening）、选择地听（Selective listening）、注意地听（Attentive listening）、共情地听（Empathetic listening）。

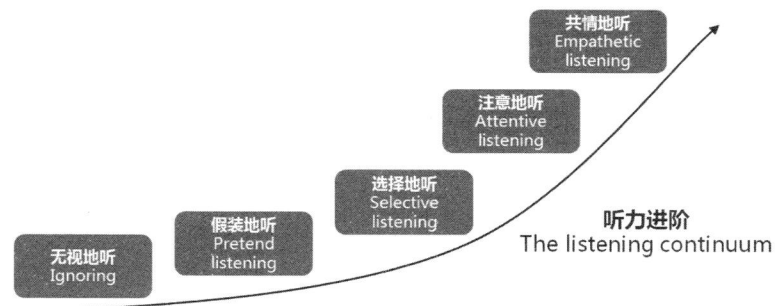

图 3-2　倾听的五个阶段

其实古人早有这样的认识。如果仔细看看繁体的"聽"字，它有"耳"，有"目"，有"心"。这就是在告诉人们，倾听需要调动身体很多的资源。耳朵要能听进对方讲的言语，眼睛要注视对方说话时的神态，心里更要揣测对方说话时的动机。真正的倾听是一项非常消耗气力的活动。

我们有时候把话说得比较委婉，是希望对方能听得仔细。比如你是领导，下属一般都会揣摩你的意思，因此在布置工作时，你可以说得委婉一些。然而，在谈判桌上，对方根本没法做到认真倾听，有时甚至还会故意假装没听懂，这时候，你再继续采用委婉的说辞，那就只能自己干着急了。

很多时候，障碍都是人们自己设置的。在竞争性环境中，很多人会处于一种过度防御状态，听不到对方有灵活性的地方。即便是在对方已经拿出了很明确的方案的情况下，我们仍然会钻在牛角尖里，哪里都不愿意去。

有一段时间，我创建的一个微信群里经常出现吵架的情况，主要是一些比较有争议的话题而引发的。于是，作为群主，我发布了新的群规，其中有一条是：

欢迎大家就不易引起相互攻击的话题进行讨论。建议大家在讨论时保持良好的心态，你的看法不太可能改变别人的观点，就像别人的看法也不太可能改变你的观点一样。你可以充分表达，但不能强迫别人接受。

然后，一个群友就开始质疑这条群规，他觉得如果什么都不让讨论，那建这个群还有什么意义。我解释说，我并没有不让讨论啊，只是建议了讨论的方向和心态。这位群友不依不饶。我只好逐字逐句解释，"欢迎大家就不涉及××的话题进行讨论"和"严禁讨论××话题"是两件事情。这个例子所反映的情况其实非常普遍，人们在接收信息的时候经常会自己加一个过滤器或解码器。我们听到的信息通常不是别人所表达的，因为它们由我们自己的预设处理过。这就导致在沟通中很多的信息丢失了或被误解了。

我的一个朋友现在是某"世界500强"企业的全球采购总监，他跟我分享过一个小故事。在刚开始做采购工作时，有次他叫一个供应商来讨论第二年项目合作的问题。在会议上，供应商首先提出了自己的方案和报价，我的朋友还没有想好怎么回应，只发出了"嗯"的声音。对方这时突然就开始抛出了他们的优惠方案：可以在他们报价的基础上打"九五折"以表示他们的态度和意愿。我的朋友跟我说，他所面临的实际问题是当年的预算没有花完，而当时已经逼近年底，因此他想跟供应商说，先把明年的订单在年底前下给他们，并没有想压价。然而，没想到对方的首次报价就已经比他的预算还低了，因此他有些迟疑该怎么反应。事后他觉得，可能是因为自己刚转去采购部门，这个供应商对他还不了解，而且当时供应商也在进行年底冲刺。由于对方非常急迫地想拿下这笔订单，因此完全没有思考采购的脑子里到底在想什么。这位朋友跟我分享说，后来他经常在谈判桌上采取的策略就是，在对方报价后先不做回应，结果很多人居然什么都不问就开始主动降价。

> 技巧6：沉默是金。沉默是有力量的，给对方一些压力和空间让他去表演，听其言、观其色，然后从中去寻找灵活性和突破口，甚至有可能他自己就开始松动，主动露出破绽，因为大家都不喜欢沉默。

现在来做一个简单的小测试，借此评估一下自己倾听的能力。针对下面的说法，你能听到几层意思呢？

"我今天做不了最终决定。"

你听到了什么？对方是在拒绝你吗？我发现现实中很多人直接掉头就走了，然后回去跟公司或领导说，今天碰到了一个非常难搞的客户。可如果仔细分析这短短的一句话，其实就会发现它隐藏了很多的灵活性，进而找到可能的突破口。

- "我"：问题是不是出在"我"，别人可以做决定吗？
- "今天"：如果今天不行，那什么时候可以？
- "最终决定"：最终决定做不了，是不是可以做个初始判断或确定决策方向？

做销售的人都经常会因为业务关系请客户吃饭，甚至有些谈判也是在饭桌上进行的。我相信，销售人员都很熟悉下面这句话：

"我们有规定不能接受供应商的请客。"

这是拒绝吗？是的，但并不是全面拒绝，注意限制条件是"不能接受供应商的请客"而不是"不能跟供应商一起吃饭"。我父亲就跟我说，他听到这句话时偶尔会半开玩笑地问一句："那您请我吃饭可以吗？"对方可能还是会拒绝他，但他告诉我很多时候对方居然真答应了。有什么事情是100%的呢？又或者说难道只有100%可以获得收益的事情才值得努力吗？

> **技巧 7：听风辨器。在谈判中，抓取信息的能力非常关键。不要听那些逆耳的，要抓取那些顺耳的，甚至是有漏洞和灵活性的地方，比如对方的限制条件，然后尝试去化解和转换这些限制条件。**

我最近就运用这个小技巧帮自己免了近万元的保费。我的工作性质决定了自己必须经常全球出差，但因为"新冠"的原因，我只能在家给全球的客户上网课，这对我个人来说其实是一项极大的福利。在临近 3 月底的时候保险公司联系我，让我续交下一年度的全球旅行险的保费。我预计暂时不会出差，便和保险公司协商，能否将我的保险周期进行调整。保险公司的客户经理确认之后跟我说，他们无法更改日期。我虽然觉得这样的规定非常不合理，但并不想在这上面浪费时间，因为我听到的关键点是，对方的限制因素是"不能改期"。于是，我便顺着追问了一句："那可否麻烦帮我取消，我再重新买？"就这样，我轻而易举地如愿达成了"改期"的诉求。

在听到对方的灵活性之后，你应该迅速采取行动，比如立刻向对方澄清你的理解，或者确认当下有共识的部分。另外，还要注意的是，听到自己不喜欢听或者对你不利的信息时，千万忍住不要反扑，因为你的反扑，其实帮对方放大了他的筹码，或者会导致对方更加狭隘。

要想提升自己倾听的能力，其实是很不容易的，这需要长期的刻意训练。要想做到听风辨器，最大的难点就是和自己的嘴争夺控制权。只有先控制住自己的嘴，你才能真正地开始学习谈判，好的谈判者必须有过人的自制力。这里有一些小的技巧和方法可以帮助到你：

- 保持你的眼睛始终注视着对方。
- 一定忍住不要打断对方。
- 尝试不要去想该如何回应，这会导致你无法理解对方的意思。
- 注意对方可能表示灵活性的词语或模糊表述，这可能是你的机会所在。
- 注意对方的表情和肢体语言，但不要作为主要判断依据。
- 对方说完后也不要急于回应，允许大家都换口气，对方可能还会继续。
- 尝试去澄清对方说的话，可以用你自己的语言和表述方式。
- 如果有不清楚的地方，可以直接表示你不太明白，或者提出问题，重点是要鼓励对方多说，这样你才有可能拿到更多关键信息和找到突破口。
- 边听边想，如果可能，找人或者自己把你听到的记下来。

复述：在谈判的过程中不断地敲入"钉子"

以下据说是美军在1910年进行的一次命令传递：

营长对值班军官说："明晚8点钟左右，哈雷彗星可能在这个地区被看到，这种彗星每隔76年才能看见一次。命令所有士兵穿着野战服在操场上集合，我将向他们解释这一罕见的天文现象，但如果下雨的话，就在礼堂集合，我会给他们放一部有关彗星的影片。"

值班军官转身对连长说："根据营长的命令，明晚8点哈雷彗星将在操场上空出现。如果下雨的话，就让士兵穿着野战服列队前往礼堂，这一罕见的现象将在那里出现。"

连长又对排长说："根据营长的命令，明晚8点，非凡的哈雷彗星将身穿野战服在礼堂中出现。如果操场上下雨，营长将下达另一个命令，这种命令每隔76年才会出现一次。"

排长接着对班长说："明晚8点，营长将带着哈雷彗星在礼堂中出现，这是每隔76年才有的事。如果下雨的话，营长将命令彗星穿上野战服到操场上去。"

班长最后对士兵说："在明晚8点下雨的时候，著名的76岁哈雷将军将在营长的陪同下,身着野战服,开着他那'彗星'牌汽车,经过操场前往礼堂。"

如果你觉得这是一个荒诞的故事,那大家有没有玩过传口令的游戏,还记不记得在传话的过程中有多少信息会损失,到最后已经面目全非。正如本章开始的那张图所诠释的,我们想表达的、能表达的、表达出来的和最后别人理解的,可能是完全不同的东西。平时的沟通过程中,这种情况就很常见,在谈判这种高难度的沟通场景中,其严重程度就可想而知了。

有什么办法呢?我们可以借鉴一下日本人的做法。据说,日本的职业经理人所受的训练是,给员工布置工作时至少要说5遍。怎么说呢?当然并不是简单的复读机或念经模式:

大熊把小静叫到他的办公室,对她说:"小静,麻烦你去星巴克帮我买杯咖啡。"(第一遍)

小静刚要走,就被叫住了,这时大熊又问她:"麻烦你重复一遍需要做什么事情。"(第二遍)

小静重复道:"需要我去星巴克买杯咖啡,对吗?"大熊说:"没错,那你觉得我让你做这件事的目的是什么?"(第三遍)

小静说:"因为办公室的咖啡机坏了,而您又想喝咖啡,是吗?"

大熊说："其实不是，是因为一会儿有客户来拜访，他比较喜欢喝咖啡。好！那我再问你，做这件事会不会出现意外？"（第四遍）

小静说："有可能会在挤电梯的时候被人撞到把咖啡弄洒，我会让店员帮我打好包，并且在路上会注意的。""嗯，好，"大熊已经比较放心了，但又追问道，"如果让你自己做这件事，你有什么更好的想法和建议吗？"（第五遍）

小静想了想说："其实可以叫外卖，用 App 很方便的，我可以叫两杯，一杯美式，一杯拿铁，不确定客户喜欢喝加奶的还是黑咖，另一杯您可以留下自己喝。"

你看，买咖啡这么简单的事情，都可以通过重复、澄清和确认来获取更多的信息。我建议大家从现在开始养成一个习惯：尝试重复对方说的话。可以简单地重复，也可以按照你的理解再去重述，这样也可以确认一下你的理解是否正确，如果有出入就请对方做进一步的澄清。

> 技巧 8：鹦鹉学舌。在练习谈判之前，可以先练习如何重复对方的话。这样做的好处很多：一是可以帮助你确认和澄清你的理解；二是让对方感到你在听他说话，这样他有可能会跟你透露更多的信息；三是可以帮助你争取思考的时间，尤其是在有压力的情况下。

全程马拉松是42.195千米,在你跑到半程马拉松终点(21千米处)的时候,边上的跑友跟你说:

· 太棒了,我们已经跑过半程啦!
· 天哪,前面还有半程要跑啊!

是不是听起来感觉完全不一样?当你学会了重复对方的话之后,可以进阶到用你的方式去重述,而且是从不同方向去进行叙述,这可能会产生完全不同的效果。你找对方要100元钱,对方同意给你50元,这时应该先把这50元通过总结锁定下来。现在大家的冲突就不是0和100的冲突了,而是50到100的冲突了。当大家已经站在半山腰时,先把大家现在达成的阶段性协议确认和总结下来,就像爬山一样,不断给谈判的进程敲钉子,这其实也是在双方的心里敲钉子。

> 技巧9:见缝插针。当对方的谈判阵营中出现不同的态度时,你要主动尝试和那个表现出灵活性的人建立沟通,或者当对方在一段话中表现出不同的态度,抓取其中那些有利于达成一致的部分。顺着这些有灵活性和有利于达成共识的表态继续沟通,不要理会那些态度强硬,或者听起来刺耳的信息,柿子拣软的捏,切记不要用"鸡蛋碰石头"。

对方的有些话只是说说而已,很快就过去了,你越碰反而越实在。

排队的乐趣,不在于前面的人越来越少,而在于后面的人越来越多。

——无名氏

有些人总是一副"光脚的不怕穿鞋的"的态度,当遇到这样的谈判对手时,你可以采用总结的方式,先确定一部分的共识,其中包括你已经做出的让步或者给出的优惠,这样对方就已经穿上"鞋"了。这时候他再拍桌子走人,就存在成本问题了——要丢弃桌上本来已经获得的东西。这就是厌恶损失(Loss Aversion)的原理,在可以计算的情况下,人们对"所损失东西"的估价是"所得到相同东西"的估价的两倍。"厌恶损失"会导致人们不惜一切代价避免损失,从而蒙受更大的损失,这就是为什么赌徒通常会越输越赌、越输越多。

从理性的角度,还可以用经济学或者博弈论的期望效用[①]来帮助我们加深对这一现象的理解。存在不确定性风险的情况下,

---

① 期望效用函数理论(Expected Utility Theory),Von Neumann and Morgenstem, 1950's.

在做选择时，理性个体总是追求期望值最大化，即在各种可能结果所带来的效用的加权平均数，这就是预期效用。如果用 P 和 1-P 表示两种结果 W 和 Q 发生的概率，则期望效用函数可记作 EU=PU（W）+（1-P）U（Q），也可以写成 E{U[P，（1-P）；W，Q]} 假设你面临两种选择：

· 适可而止，有 100% 的概率拿到对方已做出的让步，因此达成整个协议。

· 继续追击，有 50% 的概率拿到更多的东西（结果 W），也有 50% 的概率空手而归（结果 Q）。

那从数学的角度上来说，如果人们是基于理性做决策的，那么通过总结谈判成功的阶段性成果，就可以让对方陷入一种纠结的状态。这时他需要对当下的局面做进一步的衡量，而不是毫无顾忌地步步紧逼。

> 技巧 10：欲擒故纵。有时也可以先总结一下桌上已经达成的阶段性成果，包括双方已经做出的让步和已接受的条件。如果是你的让步较多，要确保你手里还有别的牌和对方掣肘，交换的条件就是让对方放弃一些东西才能拿到你给他的优惠。对方要拿你的优惠就要接受你的条件，如果不接受你的条件，那你的让步也不会发生。

提问：尽量避免把对方逼入死角

在前文中讲过，我有一个做采购的朋友还没有给出反应，对方就开始主动降价了。现在大家可以考虑一下，在这场谈判中，销售人员少做了什么事情？他还没有搞清楚问题在哪里，就按照自己的假设做了判断：对方没有立刻答应我，一定是我的价格不够吸引他。这是一种非常危险的心理预设，其实我们经常在没有搞清症结所在时就贸然采取行动，而要搞清楚问题在哪里的最简单的途径，无非是直接去向对方了解。

Before starting to concede on the price, it is worth asking if it is the price which is the problem. Because if it isn't the haggle is a waste of time.

在开始打折之前，不妨尝试向对方去了解问题在哪里？如果无关价格，那后面的讨价还价注定是白费功夫。

——苏格兰坊谈判专家 斯蒂芬·怀特（Stephen Wight）

知道要去问问题只是第一步，而如何提问才是关键。这也越来越成为所有销售人员和谈判人员的必修课，也是现在更加倡导的顾问式销售的一项基础技能。通过提问打开对方的话匣子，通过提问探究对方的真实意图，通过提问挖掘对方的隐藏需求，我们不妨再来做个测试：

甲方就某个项目跟你展开单一来源谈判，甲方跟你说，关于这个项目，他们有几个诉求：

- 设备单价不能高于 10 万，机组总价不能超过 300 万。
- 3 个月之内要全部实施部署完毕并投入使用。
- 投入运营后每月的故障率不能超过 1%。

你对大部分的需求都比较理解，但是不太明白既然总价已经做了限制，为什么还要限制单价。为了达到整体的性能指标，你的方案当中可能会涉及一些更高配置的设备，因为只有这样才可能在满足对方总价要求的情况下采用更少的设备。然而，这显然会突破对方的单价限制，下面几个问题，哪种问法更有可能帮助你听到有价值的回答呢？

- 设备单价必须低于 10 万吗？
- 单价不能高于 10 万是基于什么考虑呢？
- 在什么情况下贵方可以接受高于 10 万的单价？

如果你问对方："这个诉求是你必需的吗？""这个对你来说重要吗？""这是你的最低价吗？""真的不能再优惠了吗？""你今天真的做不了决定吗？"你猜对方会怎么回答？对方的回答十有八九是："是的。"问题在哪里呢？是你的问法出了问题，这种"是或否"的问题，也可以称为封闭性问题，对方只用说"是"或者"不是"。拜托，这也让对方太轻松了吧！你简直就是在问了问题后又用手把对方的嘴堵上了。在处理冲突的谈判场景下，你甚至是在逼对方说一个选项，这个选项你不愿意听，对方自己有时也不愿意说。难道在你问过这个问题之后，对方会直接告诉你，这其实不是他的最低价吗？即便真的不是，他也只能说是，没人想这个时候看起来像个傻子。最要命的是，这样的问题简直是在犯罪，你是在把对手逼到一个可能连他自己都不愿意去的墙角。

我记得在我参与的一次谈判中，双方基本已经达成一致了，一方的谈判代表这时急于锁定交易，像着魔了一样，不停地追问对方"Are you happy with the deal？"（你对交易开心吗？）。其实这是一个非常正确的心态，但是这种问题不该这样被问出来，给对方一种咄咄逼人的感觉。在他连问了七八次之后，对方只好被逼得说了一个"No"（不），于是双方不得不重新坐下来进行了新一轮谈判。那究竟该怎么办呢？在谈判中，其实更应该多问开放性问题，比如：

"能解释一下你这几点诉求的原因吗？"
"我可以理解一下为什么这对你来说是重要的吗？"
"这个价格是怎么推算得来的呢？"
"如果要做决定的话，还需要谁来参与拍板呢？"
"在什么情况下贵方可以答应我们的诉求呢？"
…………

用英文来说就是5W2H（What/Why/When/Where/Who/How/How much）问题。用特殊疑问句来打开对方的话匣子，让对方多说，要让对方根据具体情况做出回答，而不能仅仅只用"是与否"来回答。不要轻易放过提问的好机会，对方可能会说一些你之前意想不到的答案和信息。在不知道问什么问题时，我甚至会问对方："还有什么是我需要知道的吗？"相信我，这时经常会有惊喜出现。

问开放性问题的另一个好处是你可以帮助他思考，人都是很懒的，尤其是在不关乎自身利益的时候。"为什么要为坐在桌子对面的这个毫不相干的家伙考虑"，你难道不也会经常这么想吗？然而，当你问到"在什么条件下您可以考虑我们的诉求呢"时，对方就会从睡眼蒙眬或事不关己的状态中苏醒过来，开始思考你的问题："什么情况下我可以这么做呢？"当对方开始思考这个问题时，本来要关上的门又被打开了。

当对方拒绝你时，不用着急去强推你的方案，可以问问对方为什么拒绝你。而你知道了对方背后的原因，实际是帮助你把"拒绝"变成"有条件的拒绝"。随后，你就可以在这些条件上或限制因素上寻找突破口。可以尝试去多问"为什么"和"还有吗"这两类探索性的问题。"为什么"可以帮助你挖掘深度，"还有吗"可以帮助你拓展宽度。

从另一个角度讲，很多时候人们是需要跟自己谈判的，你其实可以经常问自己这样的问题："在什么样的情况下，我会考虑答应对方的诉求？"这可以帮助你自己展开思考，不至于把自己关在小黑屋里，从而错失了发挥创意，进而解决问题的良机。5W2H本身也是一种思维方式，有创造力的人，通常很善于提问题。事实上，能够提出一个好的问题，往往就意味着问题已经解决一半了。

建议:用"持续开价"锚定谈判的成交区间

先和大家做两个小测试:

1. 领导给你布置了工作,让你在 3 天内完成,你按时完成了工作,这时你会:

- 主动找领导汇报工作。
- 领导很忙,等领导有时间来找我。

2. 结束一上午的长途飞行后,你刚躺到家里的沙发上,好朋友就在微信上喊你晚上一起聚聚,说是有个老朋友过来了。遇到这种情况,你会拒绝吗?

- 会。
- 不会。

如果这两个问题你都选的是第一个选项,那说明你可能属于比较被动的性格,喜欢别人采取主动并控制节奏。可以考虑一下这样一种情景,谈判开始进入了关键阶段,需要有一方提出方案。这时你会怎么办呢,会问下面的问题吗?

你有什么建议?

你想怎么解决这个问题?

我想先听听你的方案。

这些话是不是非常熟悉？没有错，这是我们在谈判中经常采取的策略，甚至很多讲解谈判的书上也在教大家这样的方法：千万不要首先提出方案。我理解这种思维背后的逻辑，首先是不想透露自己的底线，其次是如果对方先说，那么我们就有可能试探到其底线。这种逻辑看起来没有任何的问题，但遗憾的是，这只是你自己的逻辑，在谈判桌上真实出现的情况往往遵循相反的逻辑。我可以给大家分享一个我看到的真实案例。甲乙双方就续签新合同展开谈判，乙方报价的组件单价为23万元。甲方之前在市场上了解到，有厂家可以做到20万以下的价格，但是由于甲方并没有和其他供应商合作过，所以还是想继续向乙方采购。不过，甲方期望能在新合同中争取一个更好的价格。经过前期的寒暄和试探后，双方终于进入了讨价还价环节。

甲方说："大家都这么熟了，你就给我个实在价吧！"

乙方说："这已经是很好的价格了，真的很难再便宜了。"

甲方说："不行！你必须给我便宜点儿，你告诉能便宜多少吧？"

乙方说："那您说多少合适呢？要不您给我开个价？我看能

不能做。"

甲方说:"还是你们自己说,反正现在这个价肯定不行,市场有更低的价格。"

乙方说:"低到多少?要不,还是您给我一个具体的诉求,我们来看看。"

甲方一时沉默……

你们猜甲方这个时候在想什么?甲方很难受,不知道怎么开,怕开高了,没有拿到合适的价格。甲方的主谈这时候很别扭;乙方的主谈则暗暗自喜,自己在压力下坚守住了,没有首先开价。

"18万!"甲方终于绷不住喊出了一个价格,甲方输了吗?恰恰相反,乙方虽然仍非常坚持,但最后还是迫于压力以靠近18万的价格成交。

问题出在哪里?现实的谈判中双方都不愿意首先开价,因为害怕探不到对方的底,也害怕自己的方案不如对方给出的方案更好。

然而,参考一下冲突空间的模型,如果你让对方开价,对方是会在他的下限开价,还是会在他的上限开价呢?显然,你是没法靠让对方先开价试探出对方底线的,你能试探到的,只是对方最渴望的报价。遗憾的是,很少有人意识到这个问题。每次看到有人采取这个策略，让对方先开价，我就知道下一秒出现在他脸上的表情一定会是"失望"。我在整本书中基本很少会做绝对性的阐述，但唯独在这个问题上，从我无数次的观察和总结来看，结论确实是接近 100% 的。**每次我们让对方开价，换回的只有失望。**

在用英文给客户做培训和咨询时，我经常会说这样一句话："I will not give the other side the pleasure to disappoint me."（我不会主动给对手让我失望的机会。）怎么才能做到这一点呢？其实很简单，就是不要让对方先开价，尤其是不要主动邀请对方先开。

让对方开价，实际也是一种放弃主动权和控制权的做法。有意思的是，我们看到在谈判中经常有一些没有经验的谈判者会互相丢弃控制权，仿佛控制权是一个烫手的山芋，谈判就是一场相互丢控制权的比赛。请注意，在上面的例子中到底谁最后拿到了自己想要的价格？是那个战战兢兢说出自己需求的家伙。虽然对他来说过程是不舒服的，但这恰恰是变成有经验的谈判者的第一步：跳出舒适区，主动提出诉求，不要害怕被拒绝，不要害怕对方比你赢更多，只要专注于你的目标。这也是我说要忘掉双赢，专注目标的原因，我看到太多的谈判者因为想赢怕输，被输赢牵绊，而忽略了自己的目标。

如果你在这节开始的几个问题上的答案是"再等等"，且不会拒绝，那么你可能是"讨好型人格"。你需要刻意练习，争取主动提出诉求，因为你不提，就不会得到自己想要的结果；你不提，只会疲于招架对方的诉求，也就是常说的"被对方牵着鼻子走"。

真正有经验的谈判者，会主动坐到驾驶位，手握方向盘。一旦克服了新手的不适感，你是不会想让别人来抓方向盘的。如果我是那位销售人员，我或许会利用甲方想降价的需求主动提出我的方案："如果没有别的问题，今天就锁定合同，我可以向公司特殊申请2个点的优惠券，可以用于抵扣下次的采购金额。"

另外，很多人在谈判时有个习惯，喜欢兜圈子，不愿意主动提出真实诉求。一方面可能是因为有些人的性格比较含蓄，直接提出诉求仿佛面子上有些过不去，搞得好像要占对方便宜一样；另外一方面是希望对方有足够的悟性，同时也是对对方的一个测试，看看大家有没有足够的默契，一起做生意。

你希望对方有投桃报李的慧根，但对方好像全然不知。于是，你不断释放出一些信号和暗示，对方却还是没有领会。你终于耐不住性子地说："那你们看看该怎么办？"对方却回应道："我们不知道要怎么办啊，你希望我们怎么办？"

在这种情况下，一定要明确提出自己的具体诉求。一方面，坐在你面前的这个人可能不会绕弯子，不太理解你的含蓄和风情；另一方面，对方也可能是在跟你故意装傻，在不能得到确定性表态的前提下,做出让步在对方看来可能是有风险的。在任何文化背景中都会出现这种情况,因为对抗不确定性,其实是人类从未放弃的追求。因此,不如给对方一个明确的诉求,用来消除对方对不确定性的顾虑。"空对空""兜圈子""画大饼"等方式完全是在浪费时间,因为没有任何实质性的东西,对方听起来也毫无感觉。

能量级:谈判沟通中的五种能力

总结一下,不同的沟通方式存在不同的能量级。我把它们总结为如图 3-3 所示的谈判沟通能量模型。

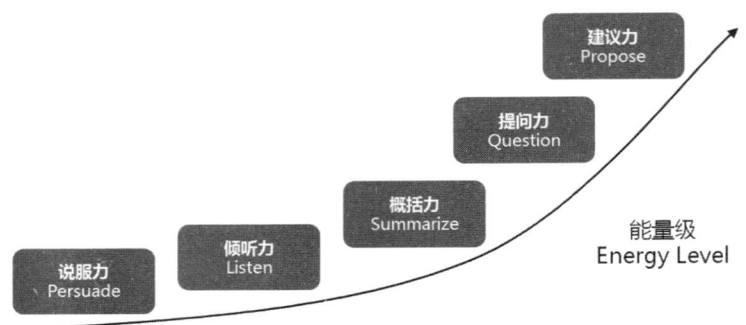

图 3-3 谈判沟通能量模型

・说服力（Persuade）。当有利益冲突的时候，说服其实是很无力的，而且往往容易适得其反，会导致双方深陷冲突和对抗情绪中，从而错过了通过解决问题对双方和交易重新赋能的机会。

・倾听力（Listen）。有时候不说话甚至都比乱说话更有力量，沉默会让对方感觉到压力。谈判有时也是一场关于"谁更加沉得住气"的较量。当然，如果能做到主动倾听，那么你就更有机会抓住对方有灵活性的地方和限制条件，从而帮助大家突出重围。

・概括力（Summarize）。重复对方说的话看起来像是在说废话，但说废话也比乱说话有力量。这样做的好处是可以让对方感到你在认真听他说话，还可以就一些地方进行澄清和总结，同时也给自己和团队争取思考时间。

・提问力（Question）。提问是非常有力量的。对于问题，人们总是会下意识地想回应或回答，这个是我们人类的预设。我经常在压力之下尝试去问对方一些自己关心的问题，这样可以变被动为主动。让对方多说，这样你就能在思考的同时，去寻找对方的信号和灵活性。

・建议力（Propose）。如果真的要变被动为主动，你还要克服自己的胆怯和不适感，勇敢地提出建议。坐上"驾驶位"，紧握谈判的"方向盘"，通过积极主动地提出方案和建议，你就能成为谈判的控盘者。

当然，在实际的沟通过程中，我们需要的是对不同能力的综合运用。比如，你所在的城市因为交通拥堵，已经采取了尾号限行的措施。然而，随着机动车越来越多，在早晚高峰时期的一些主干道路上还是会出现严重拥堵的情况，非常影响广大市民的出行效率。经主管部门研究决定，准备采用市场手段对当下的交通情况进行进一步的干预，即通过引入收取拥堵费来对私家车进行进一步的限流，鼓励大家通过公共交通出行。在正式实施之前，你需要和各有关部门就此事进行协商。以下有几种不同的方式供你选择：

- "针对现在越发严重的拥堵情况，我们该不该收拥堵费呢？"
- "针对现在越发严重的拥堵情况，我想听听大家的意见？"
- "针对现在越发严重的拥堵情况，我们应该以什么方式去收拥堵费？"
- "针对现在越发严重的拥堵情况，我们应该以什么方式去收拥堵费，是按早晚高峰收，还是按核心区域收？"

这些不同的方式可以帮你达到不同的目的。如果你想统计表决意见，可以采取第一种问法（封闭式问题）；如果你听取开放性的想法，可以采取第二种问法（完全开放式问题）；如果你想在一定方向上征集大家的方案，可以采取第三种问法（有引导性的开放式问题);如果你只想在设定的范围内听取大家的意见,可以采取第四种问法(限定范围的开放性问题)。

第四种问法其实也是一种选择性问题。人都是喜欢有所选择的,尤其是在需要谈判的冲突场景中。当你只拿出一种方案摆在桌上,问对方同意还是不同意,对方会有一种被胁迫的感觉。这时如果你能拿出两种不同的方案,当然其中一种可以是你更倾向的,再去问对方的意见,对方的感觉会更好,你也更有希望听到自己想听的答案。

以上只是举了一个结合提问力和建议力一起使用的小例子,而且还只是借用了一个日常沟通的小场景,真实的谈判情境要复杂得多。不过,只要我们开始关注这些沟通的方式和细节,同时能体会不同的方式或其组合所能产生的不同影响和效果,我们就会逐步地掌握它们,进而利用它们去处理日常的沟通,并循序渐进地提升我们在谈判桌上的表现。

》》》 敲黑板:

1. 在谈判时,我们不仅要处理当下的冲突,可能还要面对非同一般的压力,还必须要在这种已经产生分歧的情境下尽量达成协议。

2. 沟通是谈判的载体。如何在谈判这种复杂沟通情境下尽量保证信息传递的准确性和有效性，又如何准确接收和获取对方的真实信息和意图，这可是一项重点工作。

3. 你要清楚对方的谈判动机在哪里？把握住这个问题，实际也可以帮助你看清谈判桌上的权力平衡。

4. 事实上，权力平衡本身是客观的，没有任何一种谈判技巧可以神奇地改变桌上的权力平衡。不过，我们对于权力平衡的认知往往又是非常主观的。

5. 不要迷恋自己的口才，立场和利益问题无法说服，不如多下点功夫搞清楚对方的目标和真实需求在哪里。

6. 如何倾听是一门大学问。放平心态，不做判断，不做回应，全情地听，共情地听。听是为了尝试去理解，而不是为了尝试去回应。

7. 重复对方的话有很多好处，一是可以帮助你确认和澄清你的理解，二是让对方感到你在听他说话，三是可以帮助你争取思考的时间。

8. 学会抓取对方表述当中有灵活性和有限制条件的地方，这里可能是你的突破口和机会所在。

9. 要学会问问题，少问封闭式问题，这样什么信息你也得不到；多问开放性问题，用开放性问题打开对方，探索对方的灵活性，甚至是帮助对方去思考。

10. 让对方先开价，实际是一种放弃主动权和控制权的做法。有意思的是，在谈判中我们经常会看到，大家在进行一场丢掉控制权的比赛。

11. 变成有经验的谈判者的第一步：跳出你的舒适区，主动提出诉求，不要害怕被拒绝，不要害怕对方比你赢更多，只专注于你的目标就足够了。

12. "空对空""兜圈子""画大饼"才是真正的尬聊，没有任何实质性的东西，对方听起来也不知所云。

13. 不同的沟通方式存在不同的能量级。"说服力＜倾听力＜概括力＜提问力＜建议力"层层递进，学会识别你在谈判中所处的情况，并采取合适的沟通方式。

第四章

谈判的升维

沟通能力其实只涉及谈判的基本技巧训练。要想成为真正的谈判高手，你还要做另外一项训练，那就是谈判的思维训练。在球场上，球员对比赛的阅读和理解能力对比赛胜负起着至关重要的作用。同样的道理，对谈判的阅读和理解能力也是决定谈判结果的关键因素。高超的谈判专家必须有敏锐的理解谈判的能力。

我有幸在现场聆听了一场巴乔关于如何培养足球人才的分享会。他提到，在球场上有两个球最关键，一个是足球，一个是球员的脑袋。球员的思想才是比赛的主宰，而身体和技术只是思想的延伸和执行者。如果把球场上阅读比赛的能力称为"球商"，那么姑且就称阅读谈判的能力为"谈判商"(Negotiation Quotient，NQ)。光有好的技巧显然是远远不够的，C罗在职业生涯初期经常因为"炫技"而浪费绝好的进攻机会。不过，随着比赛经验越来越丰富，他的阅读比赛能力和大局观也日益卓越，这使得他最终成为能掌控比赛的那个人。当然，这也从另一角度说明，谁都不是天才。即便是被公认为天才的人，也是靠不断犯错和反思才最终成了真正能主宰比赛的人。

打开思路：不要被假设自我设限

在针对采购人员的一项调研中，只有不到10%的被调查者反馈说，价格是他们做出决策的最重要因素，其他比较重要的因素包括供应商的产品质量、在相关领域的经验、售后服务体系等。然而，为什么到谈判桌上后，价格就变成采购人员唯一的关注点了呢？

其实你要知道，一旦坐在谈判桌上，双方就存在着某种权力平衡。除了让步，谈判桌上的任何一方都有时间、精力上的投资，你不希望"煮熟的鸭子飞了"，对方也不希望"竹篮打水一场空"。在买卖双方的经典博弈场景下，买方愿意坐下来跟你谈，一定是因为你的产品、经验、服务已经达到了他的底线。这时候价格占据了他的最高优先级。然而，现实世界是极为复杂的，在不同的情况下，人们的优先级可能真不一定在价格上。

我就曾经做过一次时间非常紧急的招标（Request for Quotation, RFQ）。我给出的要求是，几家供应商必须在两天之内提供技术人员，并由我方项目组面试，同时在收到"工作范畴"（Scope of Work, SOW）后的两天内给出报价。供应商开始都觉得，两天就必须给出项目工作量评估和报价，非常不合理。然而，在第二天的午夜 12 点之前他们还是发来了报价单。在供应商给出第一轮报价之后的第二天，我们又要求他们在 24 小时之内给出第二轮报价，供应商们当然纷纷降价，其中一家的报价大幅下调了 20% 以上。

当时实际的情况是，我们对这几家供应商的服务能力都比较满意，但有些担心他们的价格会超出预算。不过，当拿到第一轮报价后，我们的这种担心就基本消除了。其实，我们当时的问题是，任何一家供应商可能都无法在规定的时间内完成项目，时间对我们来说实在是太紧张了，因此我们的计划是把项目分成不同的标包，分别给到几家。其实各家的第一轮的价格已经都在我们可以接受的范围之内了。各家的第二轮报价纯属意外之喜，尤其是技术实力最强的供应商给我们打了八折。这对我来说，当然是笔划算的买卖，但对于打了八折的那家供应商来讲，他就白白损失了 20% 的净利润率。

这其实不完全是一个谈判场景，我甚至都没有准备和这几家供应商谈判，因为我当时的优先级完全不在价格上。然而，当供应商面对时间压力时，他们都做出了让步，这其实是一种条件反射或惯性思维。不要假设只是你有时间压力，对方可能也有同样的时间压力，尤其只给如此短暂的时间让供应商报价的情况下，对方也可能面临非常紧急的项目安排。这个时候可以尝试的方式是，如果要满足工期，就没法降价，如果允许拉长工期，可以在价格上有一定的降幅。显然，我们必须了解对方的关注点，并搞清楚该在哪里做出让步，该在哪里坚守。重要的是，不要假设对方的关注点只是价格。

增量思维：用合作超越"零和博弈"的困境

虽然你可能已经熟悉囚徒困境和纳什均衡的概念，不过我还是要对此再重新梳理一下，因为对于谈判桌来说，博弈论的基本理论太重要了。通过梳理博弈论，我们可以对局势和权力平衡进行重新思考和评估。

"囚徒困境"（prisoners' dilemma）说的是两个小偷联合作案后被警察抓获的故事。警方将小偷 A 和小偷 B 分别关押在不同的屋子里进行审讯，并采取了如下的策略：如果两个小偷都坦白，两人均罪名成立，各被判 8 年；如果其中一个坦白了而另一个没有坦白，则没有坦白的那个将被加刑 2 年，而坦白者将减刑 8 年，立即释放。如果两人都抵赖，因证据不足，两人的偷窃罪很难成立，但警方可以"私入民宅"的罪名起诉两人，两人将各判入狱 1 年。

具体情况如表格 4-1 所示。

表 4-1 囚徒困境

	囚徒 B 坦白	囚徒 B 抵赖
囚徒 A 坦白	A 被判 8 年 /B 被判 8 年	A 被释放 /B 被判 10 年
囚徒 A 抵赖	A 被判 10 年 /B 被释放	A 被判 1 年 /B 被判 1 年

那囚徒 A 和 B 各自的最优选择是什么呢？从整体上看，当然是 A 和 B 各自选择"抵赖"（或者说合作）是最优的，这种选择一般被称为"帕累托最优"。然而，现在 A 和 B 被隔离开了，他们不知道对方会采取何种行动。在 A 和 B 都是理性人的情况下，那他们一定都会做出对自己最有利的选择，即"坦白"（或者说竞争）。两人都基于自己利益最优的角度选择坦白，进而被各判 8 年，这种结局被称为"纳什均衡"。显然，这种结局对双方而言都是不利的。

在囚徒困境所代表的非合作博弈里，纳什均衡和帕累托最优显然是不一致的。你也许会认为，在囚徒困境里，A、B 是因为无法沟通，所以只能采取对自己最有利的方案，从而导致整体的"非合作性"。然而，在现实生活中，即使在完全可以充分沟通的情况下，人们还是很容易被拖入非合作的零和博弈，进而深陷

"囚徒困境"。我们可以参考一下表4-2。

表 4-2 冲突困境

	冲突方 B 竞争	冲突方 B 合作
冲突方 A 竞争	双输	A 赢 /B 输
冲突方 A 合作	A 输 /B 赢	各取所需（双赢）

博弈其实可以分为合作博弈和非合作博弈，其中最大的区别是博弈当事人之间有没有一个具有约束力的协议或信任基础，如果有就是合作博弈，如果没有就是非合作博弈。现实中的谈判，其实更多的介于"合作"和"非合作"之间。一方面，谈判双方都很难做到摊开自己的底牌，完全透明地彼此合作；另一方面，如果是完全竞争的态势，那可能也就不用谈判了。

从学术研究和从实践操作上来说，合作博弈都远远比非合作博弈复杂。不管从模型分析还是理论成熟度上来看，对于合作博弈的理解都不如对非合作博弈的理解成熟。然而，合作博弈恰恰是人们在谈判中需要面对的现实，各当事人之间既要竞争，又要合作，由此构成了一种复杂的竞合关系。谈判就是通过打通各当事人之间的信息壁垒，集合各自的诉求和限制，进而去尝试找到（逼近）一个整体最优的方案。另外，在冲突中，我们也不能仅仅盯着存量，还要具备增量思维，只有这样才能跳出囚徒困境和零和博弈,以全新的视角重新审视原来的问题。这里做一个大胆的猜想,在理想的情况下,可否只输入不同维度的变量,然后由人工智能帮我们寻找整体最优的方案。我不清楚这最终能否实现,但我知道谈判不只是一个沟通问题,更是一道数学思考题。在实际中可能没法求得谈判的帕累托最优解,但如果能建立一套多维度的思考框架,不只是把对方当竞争对手,就一定可以对谈判结果从整体性角度进行帕累托优化。

Those who think that negotiating is about stopping the other person getting 100% of what they want are wrong. Negotiation is about enabling, not about blocking.

谈判就是尽量阻止对方拿到他们想要的东西,对谈判持这种想法的人其实完全想错了,谈判是对商业的重新赋能,而不是相互压制。

——苏格兰创建人 约翰·麦克米兰(John McMillan)

善意优势:长期主义者的长期回报

现实中,我们其实经常要处理的是一种更复杂的情况,各方要持续进行多次博弈,比如反复进入囚徒困境这样的博弈场景,即各方处在一种长期、反复、动态博弈中。这种博弈形式我们称为重复博弈(Repeated Game),其中的每次独立的博弈事件叫阶段博弈(Stage Game)。那在重复博弈中,大家应该采用怎样的博弈策略呢?显然,在选择谈判策略时,企业不仅需要考虑当下的利益,而且还需考虑当前选择的策略会对双方将来的合作产生怎样的影响。

罗伯特·阿克塞尔罗德(Robert Axelord)早在20世纪70年代就利用计算机进行了一系列关于囚徒困境的模拟推演。他向全世界的博弈论专家征集了16种不同的行动策略,可以简单归纳为以下几种不同类型:

1. 完全善意:不管对方如何行动,我一直保持合作。
2. 完全恶意:不管对方如何行动,我一直坚持对抗。
3. 先施善手,绝不容忍:先从合作开始,一旦对方背叛便绝不再合作。

4. 先施善手，再做打算：先从合作开始，再依据对方的行动进行决策。

5. 先施恶手，再做打算：先从背叛开始，再依据对方的行动进行决策。

6. 偶尔作恶：时不时地主动背叛一下。

7. 完全随机：合作还是背叛，全看心情。

其研究结果发现，当进行多次重复博弈之后，采取善良策略的收益要整体大于采取恶意策略的收益。这就是著名的重复博弈中的善良优势，合作的整体收益要大于背叛。在"先施善手，再做打算"的整体策略下，最优的反馈机制是"以牙还牙"（tit-for-tat），其基本行为准则：在双方首次接触时，默认选择合作；之后每一回合所采取的行动则取决于对手上一回合的表现。对手合作，我继续合作；对手背叛，我就背叛。初次见面，就选择信任对方，只有被骗，才会报复。如果对手认错并悔改，那么就立刻翻篇，绝不记仇。最后得出的结论是善良比狡猾有效，宽容比复仇更有机会获胜。

在单次博弈中，背叛策略可能会占到一时的优势，但在重复博弈中，善良策略会得到长远的利益。最差的策略是"不清晰、无计划"的随机策略。其次，超级复杂的策略也会带来极差的结果，显然这是因为对方根本搞不清楚你的策略，进而无法预期你的行为，还记得在第一章我的那两条建议吗？

总结一下，在长期合作这种需要面对重复博弈情况的场景中，最好的策略是"先施善手，投桃报李，以牙还牙，既往不咎"。这个策略的精彩之处在于，它不只适用商业谈判，其实对每个人的职场生涯也有非常实际的指导意义。

实际上，这个试验后面还有多次的变形和演进。比如采用宽容版的"以牙还牙"策略，即当对方连续背叛两次我才选择报复一次，或当对方背叛时我随机进行报复，另外还在连续博弈中加入一些环境噪声以期更接近现实世界。经过这一切对实验的扩展，其得出的结果基本可以概括为：背叛者的短线收益明显，甚至在一定程度上会摧枯拉朽，但长线却玩不过合作者，最终会被时间吞噬。这也印证了那句"不是不报，时候未到"，同时也符合背叛者一般是短期主义者，合作者一般是长期主义者的历史形象。这些试验和结论不仅对于个体的生存之道有警示的作用，而且也高度概括了人类社会的发展规律，引人深思。大家如果有兴趣的话，我推荐大家去看看相关的书籍和材料。

客户来找我咨询时，经常会问的一个问题就是：怎么可以在谈判桌上拿到所有自己想要的东西。这时，我通常会反问他："如果你是对方，你会答应你提出的这些诉求吗？"

"嗯，这个……"答案其实已经显而易见了。我也不会逼他一定要回答我的问题，我接着会向他建议道："如果这些诉求实际是有灵活性的，那不妨圈出你最核心的诉求；如果你提的这些都是不可谈判的东西，那我建议你加上一些其他的条款，用来保护你的底线。要给对方一些谈判的空间，更重要的是，要给自己一些退让的空间。"

谁都不喜欢被摁着脖子在协议上签字。只要对方有任何的决定权，他都想尝试在最终的协议中减少一些你的东西，增加一些他的东西，以此让协议看起来更像他自己的东西。然而，相信我，这样对你其实并没有太多的坏处。对自己的东西，人们往往比较欣赏和接受，日后你就会渐渐发现这样做的好处——在履约的过程中对方更有意愿遵守契约。

相反，对于被强加的东西，人在心底会更倾向于忽略和无视当初的约定。就算当时有绝对的权力让对方在协议上签字，只要日后对方有机会抓取到任何的权力或把柄，他第一时间想到的事情，就是打破或扭转协议。

如果你要面对的不是一场自己有绝对话语权的谈判，那我建议你在准备的时候就设定好你的灵活空间，以此充当保护你不可突破的底线和核心诉求的缓冲区。

价值交换：回归商业的本质思考问题

世界上没有任何两片完全相同的树叶，即便是同一片树叶从不同的视角看，也会呈现不同的形态。这其实是世界最美妙的事情，也是我们在面临冲突时的"小确幸"。多样性其实为跳出冲突空间和囚徒困境提供了捷径。对于同一件东西的成本和价值，不同人有不同的考量，这等于为我们打开了一道暗门，通过制造不等价交易，我们就能跳出冲突区。这里就引申出我们对于谈判的第二个定义：谈判还是一个价值交换的过程，冲突中的各方通过交换对各自成本 (Cost) 和价值 (Value) 不同的东西，尝试去创造更大的整体价值 (Total Value)，并试图分配更多的个体价值。需要注意的是，**找对方要东西的时候，要从对方的角度考虑成本。给对方东西的时候，要从对方的角度考虑价值。**

知易行难，在现实的商业谈判中，即使双方都是经验老到的高手，也很容易忽视这个问题。人的思维习惯是：在找对方要东西时，只考虑这个东西对自己的价值，而给对方东西时，则只考虑这个东西对自己的成本。这其实根本不算是一种思维模式，因为我们在处理这些事情时往往根本不思考。作为经过几百万年进化而来的生物，人们存在一种根深蒂固的本能。

在没有实际冲突时，很多问题很容易解决，只要有钱的出钱，有力的出力，这也是协作的基础。如果你非让有钱的出力，有力的出钱，那是不是就不太明智了。遗憾的是，在面对冲突时，我们一直都是这样做的。对方越在乎什么，我越要什么。

所有人其实都应该再进一步，跨越自己的本能去了解对方的本能。只有当你考虑到了对方的成本所在，在找对方要东西时，你才比较有机会得到。同样的道理，只有你考虑到了对方的利益所在，在你给对方东西时，才有机会交换到更多的东西。能不能看清对方在打什么算盘，对你能不能通过交换获得价值至关重要。

在很多有关谈判的书里，经常会讲到一个例子。兄弟俩为了家里仅剩的一个橙子争得不可开交，爸爸见状直接用水果刀将橙子一切两半，一人一半。兄弟俩拿着各自的橙子跑开了。不一会儿，弟弟吃完自己那半后觉得意犹未尽，还要更多，爸爸只好带着弟弟再去买橙子。父子俩从超市回来后发现，哥哥的那半橙子还在桌上，只是橙子皮不见了。事后一问才知道，原来哥哥是要橙子皮做手工。显然，最完美的解决方案是，在问清兄弟俩各自的需求后，把那个橙子剥开，橙子皮给哥哥，橙子肉给弟弟。谈判就应该是这样，找到双方的诉求，然后实现双赢。

这个例子听上去很有道理，但我并不喜欢，因为这是一个过于理想化的例子。很多时候，为了让自己的理论更容易理解，人们经常会举这样的例子。然而，千万不要对于理想化的状况心存幻想。在现实的冲突中，绝大部分情况就是双方都要橙肉，而且双方都想多要，甚至独占。甲方想压到最低的价格，乙方想赚取更多的利润，在这种情况下又该怎么去处理和化解冲突呢？

前文说到过，货币的出现促进了交易的可能。然而，从另一个角度来看，货币的出现也抹杀了交易的创意性，因为货币赋予了商品统一的价格。不过，对交易各方来说，同一件商品的价值和成本又是完全不同的。重构价值和成本，进而促成交换的达成，这正是我们在谈判中要做的事情。

在很多睿智的企业家身上，我发现了一项共同特质，那就是资源置换的能力，或者说"做局"的能力。他们往往不会把自己限制在价格因素或者一单生意的得失上，而是会从更高的维度来解读和解决问题。其实到最后你会发现，谈判和说话并没有什么关系，谈判中最重要的能力是解读和解决问题的思维能力。

谈判是一种交易策略，其核心是对交易进行重构或优化。从经济学的角度，我们可以把让步看作一种投资。衡量投资效率的核心指标是投资回报率（Return on Investment，ROI），据此，我们可以构造一个指标来衡量每一个让步的效率，即让步回报率（Return on Concession，ROC）。有了这样一个概念，你就不会再随便做出没有意义的让步了。

把让步作为一种投资，有助于我们主动地应对谈判，同时也能帮我们明确到底要不要进行谈判？和完全不准备让步相反的另一个极端看法是：任何事情都是可谈的。这样的想法也存在很大的问题，如果我们的让步收益率少于100%（不如不让），或者说通过谈判达成的交易还不如我们事先准备好的B计划，那真的不如不谈。

我们有时之所以选择让步，是因为不希望自己对谈判的投资打水漂。然而，如果这种意愿太强烈了，就容易将达成协议当成谈判的目标，其结果就是最后的协议还不如自己的B计划。切记，只要对方也坐在桌上，那么对方也对谈判进行了投资，他们同样承受着不希望投资打水漂的心理压力。

不过，有一点一定要小心，"投资必须要有回报"这种心理会将人拖入更深的陷阱。比如，都已经做出让步了仍无法达成交易，或已经增加筹码了却还不能拿下标的，这些往往导致人们为了避免一无所获或因无法忍受失败而出现非理性行为，即继续加码。因此，在谈判时，我们必须要有能力忽视"沉没成本"，提前设定止损点。其实，我一再强调要提前设定清晰的底线，就是因为这一点。竞标、拍卖、竞价收购甚至是赌博，其实正是利用人们这样的心理，其目的就是让人们头脑发热，从而采取有利于庄家的不理智行为。

重构：重新梳理和优化各方资源

对于成本和价值，各家有各家的小算盘，而我们正好可以围绕这一点，通过制造不等价交易把当下的冲突拉升到更高维度解决。大家不妨先看一个谈判之外的例子。

经常坐飞机的人都知道，打车往返机场是一笔不小的费用。对我来说，每趟至少要花近 200 元，这要是能免费，那该多好啊！从另一个角度说，如果哪家航空公司能提供这个服务，帮乘客解决"端到端"的交通问题，那肯定会受到消费者的热烈追捧。

人当然要有梦想，但光有梦想还是不够的，谁来提供接送车辆？司机又在哪里？谁愿意为这件事埋单？哪里有这样天上掉馅饼的事情，还是连着掉馅饼。不过，世界上总有些脑回路很特别的人，能在混沌的世界中谋划一些开天辟地的神奇操作。

四川航空当时就是面对这个情况，没有车，没有司机，也没有钱，怎么搞？那就一个个去谈。

首先，肯定是跟航空公司的领导谈。领导说，我没有钱，只要你能不花钱把这件事干到每个人都满意，我就很满意。听起来像是天方夜谭，但领导至少没说不能干。

然后，去找汽车公司谈，让汽车公司提供汽车。汽车公司的好处是可以让坐飞机的乘客直接体验到其品牌的汽车,还可通过给汽车统一涂装来当作路面移动广告牌。汽车公司通常都会在飞机上投放广告,因此每年会花大量的预算。然而,让市场部的人出钱来买自己品牌的汽车,这种事从来没人干过,因此谁也决定不了。航空公司就找到了这家汽车公司的老总,老总觉得这件事情很有价值,既可以增加销量还能节省广告费用,于是就把150辆休闲旅行车按9万元的特殊价格(市场价格13.8万元)卖给了航空公司。

接着,哪里去找司机?航空公司倒是有不少会开飞机的,但是他们开车可能容易超速。于是,川航就在出租车司机的圈子里发布消息,征召司机,条件是要缴纳17.8万元的费用,作为车款和运营执照费用,司机能得到的好处是不用去马路上到处找客源,还不用抢单。川航会按每名乘客25元的价格给司机补贴,每辆车可以坐7个人。这对司机来说是个好差事,跑出租本来就要交和车价差不多的保证金,而且这些年出租车司机还被网约车抢了不少生意。一时间,司机们蜂拥而至,150个名额瞬间报满。

现在,让我们帮航空公司一起算笔账:

司机缴款:17.8万/辆 × 150辆 = 2670万。

付给车厂:9万/辆 × 150辆 = 1350万。

航空公司从开始没钱、没车、没人，转手之间，就有了车，有了人，还有了1320万现金在手。当然，这还只是账面价值。接着，从各个当事人的角度来看看，有人亏了吗？

汽车公司：卖了车，还免费打了广告。

司机：找到了工作，还有稳定的收入。

乘客：有免费的机场接送服务，安逸。

航空公司：提供了更加优质的服务，增加了票务收入，提升了品牌形象，还凭空多出来1320万的现金在手！

不仅没有人吃亏，所有人还都拿到了自己想要的东西，这就是合作博弈的魅力。如果能从更高的维度上思考，撮合各方面的利益、整合各方面的资源，那么你就可以在缺人、缺车、缺钱的荒漠中造出一片绿洲，因为缺人的不一定缺车，缺车的不一定缺钱，缺钱的不一定缺人。对所有人来说，同样的东西有不同的价值和成本的考量，真正缺的是合适的商业思维与商业模式。

所谓人的格局，其实就是能从不同利益攸关方的角度去考虑成本和价值，会通过不等价交易整合资源，进而"从荒漠中打出井来"。我们之所以需要引入更多变量来解决问题的主要原因：一是避免陷入就单一变量进行讨价还价的困境，有时甚至会谈出好的价格、坏的交易；二是会让谈判各方都更加关注交易的整体价值，从而将精力更多地聚焦在创造增量上，而不是在存量上反复争夺。谈判是一种升维的思维方式，甚至是一种商业模式的重新设计。

同一层面上的问题，通常无法在同一层面解决，只有在高于它的层面解决。

——阿尔伯特·爱因斯坦

〉〉〉 敲黑板：

1. 顶级的球员和教练都有着一流的阅读比赛的能力，高超的谈判专家也必须要有敏锐的理解谈判的能力。

2. 虽然我们不喜欢冲突，但遗憾的是我们几乎每天都要面对冲突，实际上冲突并不可怕，可怕的是我们处理冲突的方式。

3. 有优势的时候其实直接强加于人就好了。问题是我们会一直处在优势地位吗？想想看用这些方式对你的客户，你会得到什么？

4. 除了让步，谈判桌上的任何一方都在用时间、精力进行投资。你不希望煮熟的鸭子飞了，对方也不希望竹篮打水一场空。

5. 个人理性与集体理性存在着矛盾，各人为追求私利而采取的措施，往往导致最终结局是一个"纳什均衡"，这对所有人其实都是不利的。

6. 各当事人通过来谈判来寻求"整体最优的解"。只有具备增量思维的能力，我们才能跳出囚徒困境和零和博弈来重新审视整个谈判。

7. 找对方要东西的时候，要从对方的角度考虑成本；给对方东西的时候，要从对方的角度考虑价值。

8. 对于交易的各方来看，同一件商品的价值和成本又是完全不同的，而对于价值和成本的重构和交换，正是我们在谈判中要做的事情。

9. 要学会从不同利益攸关方的角度去考虑成本和价值，通过不等价交易整合资源，这样才能从荒漠中打出井来。

10. 你的让步其实是你对谈判的一种投资，可以用让步回报率（Return on Concession）来衡量其效率，这样你就不会再随便做出没有意义的让步了。

11. "所有的让步都是提前规划好的。"要把让步看作一种战术，而非妥协。战术是主动的，而妥协是压力之下的临时起意，是被动的。

12. "投资必须要有回报"，有时我们会被这种心理拖入更深的陷阱。这往往会导致人们的不理性行为，为了避免一无所获或因为无法忍受失败而继续加码。

13. 有的时候需要引入更多变量来解决问题，将精力更多地聚焦在对增量的创造上，而不是对存量的争夺上。

14. 谈判是一种通过升维来解决问题的思考方式，有时甚至需要对商业模式进行重新设计。

第五章

谈判的降维

现在摩拳擦掌准备上桌了吗?我知道,刚开始时,大家难免还是会心存很多疑虑,比如:我该如何开价?是应该由我来开价,还是应该先听听对方的方案?在谈判中该表现得合作一点儿,还是强硬一点儿?应该坚守价格还是适当做出一些让步?应该见好就收还是需要寸土必争,进而使自己的利益最大化?应该循序渐进还是应该争取达成一揽子方案?这一章,我们就来一起探讨这些问题。

开局:以务实的态度为谈判定调

只要坐上谈判桌,或者更准确地说在上谈判桌之前,我心底就会开始盘算一个问题:该如何开启谈判?如果你也有这样的担心和思考,那其实是非常好的事情,因为这是谈判中非常重要的环节,处理好这个环节会帮你奠定整个谈判的基调,设定谈判的起点和方向。好的开场可以让你事半功倍。那么,如何才算好的开场呢?简单地说,好的开场需要达到这几个效果:直面困难、缓解气氛、积极表态、管理期望。

直面困难。面对当下的困境和冲突,不要因为害怕而躲避和迂回。这就好比是屋里有一头大象，就算大家都装作看不见，但大家都知道它就在那，何况你也是躲不过去的。无论多尴尬的话题，最终还是要拿出来讨论的，而且大家在上谈判桌前其实都做好了心理准备，因此你不妨开门见山、直奔主题。

缓和气氛。虽然在当下有问题或冲突需要解决，但尽量别把气氛搞得太尴尬，避免让双方处于剑拔弩张的状态，尤其不要让对方产生防御、抵触和对抗的心理。可以尝试一些私下非正式的会谈，在正式谈判之前或者利用休会时间一起喝杯咖啡。永远不要低估融洽的私人关系的重要性，在任何一种文化中它对于沟通效果都是非常有益的。

积极表态。越是在困境中越要表达正向、开放和合作的态度，在开场的时候可以表达你有意愿和对方一起坦诚沟通，解决问题，期望能达成双方都满意的结果，并主动给出一些你的见解和想法。当然，这时别讲具体的东西，不然容易陷入细节中去，先把方向和大面的事情表达清楚。

管理期望。即便想营造积极合作的氛围，也一定要避免把对方的期望抬得太高，不然你就是在给自己找麻烦。当无法满足对方被你吊起来的胃口时，你会将自己置于很被动的境地。之所以说要开门见山、直面困难，也是要达到这个目的，让对方对困难有充分的预期，然后再一起一步步地解决问题。把丑话说在前面，再指出一起努力的方向。你应该勾勒出期望达成什么样的结果，但有时也需要指出如果谈不成大家需要承担的后果。

> 技巧11：开门见山。谈判时不妨在一开始就把要谈的事项都摆出来，包括现存的问题、努力的方向。你也可以利用信息披露来管理对方的期望，比如你手上的其他选择，公司给出的目标时限，甚至可以是你所面临的一些内部挑战。透露一些信息不仅能影响对方的心理预期，还能在谈判的开始阶段就进行一些微小的信息交换，潜移默化地促进双方的交换行为。

以上是针对大部分谈判开场的普遍建议。然而，有时候事态对我们更加有利或我们并没有很强烈的谈判诉求和意愿，这时候可以暂不做任何表态，先听听对方的来意，再做判断和回应。

当然还要处理的一种情况就是，眼下的事情对我来说十万火急，对方却不紧不慢。我有强烈的谈判需求，但是对方就是不肯上谈判桌，这个时候该怎么办呢？中学物理告诉我们，如果要改变一个物体的状态，就要给它施加一个作用力，很简单，要么拉它，要么推它，这个道理在谈判中也同样适用。

可以用天平来做一个示意，把"维持现状"和"进行谈判"这两个选项摆在对方的天平上。如果这两者并没有什么区别，甚至是跟你谈判还不如维持现状，那么对方为什么要跟你谈呢？在这种情况下你只能施加外力，要么把和你谈判的结果往上拉升，要么把对方维持现状的结果往下压低。打破原有平衡，对方才有可能上谈判桌。

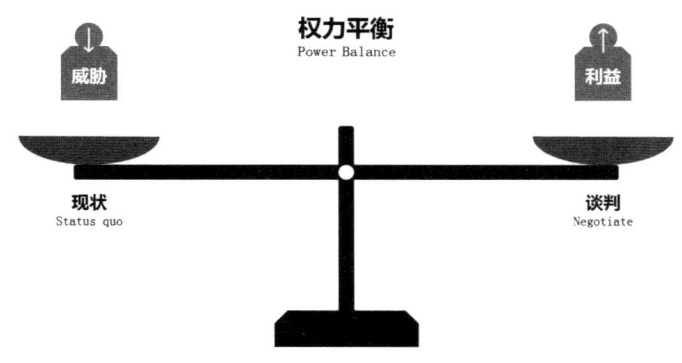

图 5-1　打破平衡开启谈判

·拉（利诱）：要让对方看到和你谈判的利益，可以获取更优惠的价格？争取到更快的供货时间？还是获取更好的客户服务？要从对方的角度去考虑这些问题，这并不等同于你手里能给出的让步，而是对方切实能感受到的利益。你可以从对方的组织利益，也可以从谈判者或者决策者的个人回报方面思考，比如达成交易对对方谈判负责人可能带来的工作成绩和升迁机会。

・推（威逼）：有时对方可能并不能直观感受到"保持现状"的潜在成本，那你就要清晰地把潜在成本展现出来，比如你有可能和他的竞争对手达成交易，或项目交付有可能产生的延期风险等，重要的是对方可能要承担拒绝谈判所造成的严重后果。当然，如何将代价巧妙地展现出来是需要技巧的，直接威胁对方可能会导致谈判的破裂，这个话题我们会在后面展开探讨。

技巧12：恩威并施。趋利避害是人性。在上桌前，需要审时度势想清楚当下的权力平衡：你手里有什么对方想要的东西，又有什么能对对方形成掣肘的东西，这些都是你手里的谈判筹码。你可以利用这些筹码来促使对方上桌，并推动谈判按自己所期望的方向展开。

开价：扎实的摸底能帮你牢牢掌控主导权

我的学员或客户经常会问到的一个问题，到底是自己先开价还是先听听对方的方案。关于这一点，其实不同的人有不同的意见。市面上很多指导谈判的书也有不同的立场，实际这些都是根据自己的经历总结出的经验。围绕"谁先开价或谁先给出方案"

这个问题，我们可以分两种情况展开来看一下。

心里有数。如果你事先已经对市场的价格和当前的情况做了调研和摸底，而且心里已经有一个预期的范围，那就应该主动争夺首先开价或提方案的优先权。心理学上有个概念叫锚定效应（Anchoring Effect），其内涵是，当人们需要对某个事件做定量估测时，会将某些特定数值作为起始值，起始值就像锚一样制约着估测值。在做决策时，人们会不自觉地赋予初始信息更大的权重。第一个方案或者开价就是这样一只锚，可以把大家的心理预期锚定在其周围。

1974年，提出"锚定效应"的丹尼尔·卡尼曼（Daniel Kahneman）和阿莫斯·特沃斯基（Amos Tversky）通过试验进一步证实了这一效应。他们要求志愿者对非洲国家在联合国所占席位的百分比进行估计。首先，参与者被要求旋转摆放在其前面的转盘，通过转盘随机转取一个在0到100之间的数字。接着，试验者会获得提示，以明确转盘显示的数值是比实际值大还是小；然后，志愿者需要给出他们的预估值。

通过这个试验，卡尼曼和特沃斯基发现，由转盘确定的随机数字对志愿者的预估值有显著的影响。例如，如果转盘所产生的随机数字是10，那么该小组的平均预估值为25%；另一个小组转到的随机数字是65，那么其平均预估值为45%。由此可见，尽管参与者在拿到随机数后可以自行给出预估值，但他们的预估值还是被锚定在随机数的一定范围之内。

欠缺谈判经验的新手通常畏首畏尾地不敢开价，他们主要存在两类问题：

·主动邀请对方提出方案，好像主动权是一个特别烫手的山芋一样。然而，如果他不是一个和你一样的菜鸟，就不要祈祷对方会在让你舒服的地方开价。这就好比在奥运会决赛的现场，把发球权让给对方一样。不要主动让自己陷入被动，这样换回来的只有失望。

·由于担心被对方拒绝，于是在一开始就尽量报出对方肯定愿意接受的条件。谈判还没有开始，就已经开始妥协了。然而，可惜的是，这样并不会换来对方的感激，甚至有可能引来对方的步步紧逼，而这时你留给自己的空间已经不多了。如果你想让对方最终觉得谈成了一笔不错的交易，就不要在开始给对方留下所有的东西都是囊中之物的错误印象。人往往会更加珍惜自己通过努力争取得到的东西或达成的协议。

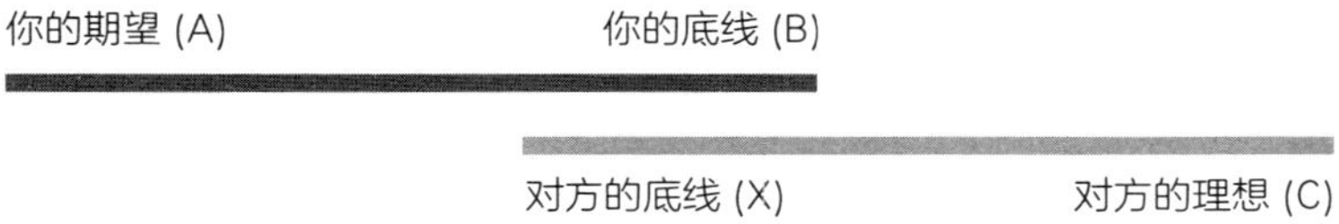

你的期望 (A)　　　　　　　　你的底线 (B)
━━━━━━━━━━━━━━━━━━━━━━━

　　　　　　　　对方的底线 (X)　　　　　　　　对方的理想 (C)
　　　　　　　━━━━━━━━━━━━━━━━━━━━━━━

图 5-2　通过开价争取谈判中的主动权

这里说的主动权其实不仅限于价格，还可以"锚定"谈判的议题，即在谈判桌上大家要协商的具体事宜，也就是给谈判打下基调和设定框架。经验老到的谈判者，会争取主动给谈判打下第一个锚点，就像顶级的赛车手一样，坐在驾驶位，手握方向盘，脚踩油门和刹车，牢牢掌控和驾驭谈判这辆赛车。

技巧 13：先入为主。不只是要争取开价或提案的主动权，还应该主动提出和设定谈判的议程和框架，争取打下第一个锚点，最终的交易往往和谈判桌上的第一个方案有很强的相关性。

　　心里没数。如果你不了解市场和当地的情况，那我建议你还是先去做功课、摸摸底，在这个时候盲目出价或是给出方案确实不是一个好主意。

　　乙方对自己的成本和目标利润往往比较清楚，但在进入一个新市场时，还是要做一些基本的调研，很少有商品在所有市场都是相同的价格,即便是诸如麦当劳、星巴克这样的全球性企业,也知道在不同的市场随行就市。谈判的成交区间,也是与不同市场的基本面息息相关的。在谈判前必须对于市场基本面进行调研,并探索谈判区间,这些都是很有价值的摸底工作。

我有一个客户,他们的产品就是他们的品牌,其主要的营收来自品牌授权,而这类无形商品的直接成本基本可以忽略不计。当我和他探讨在不同市场的定价策略时,他告诉我,自己在任何市场都没有目录价格。他们很重要的一项工作就是在不同的目标市场和品类中探索,调研他们的品牌在每一个细分市场可以给潜在客户带来的价值,并根据相应的测算结果进行报价,可谓是把基于价值的销售发挥到了极致。

甲方其实经常也会处于心里没底的状态,因为很难搞清乙方的成本结构和利润空间。如果是成熟产品或者市场有很多选择的情况下,甲方可以采用简单粗暴的招标方式。面对一些新产品、技术部门指名道姓要求合作的供应商或独家供应商等单一来源的谈判对象时,甲方在谈判之前也应该事先进行一轮摸底工作,要不然只能被对方牵着鼻子走。可以尝试在市场先进行一轮询价,或参考一下国际上其他市场的价格,切不要轻易把赌注全都压在自己的甲方身份上。

在上谈判桌时要尽力避免心里没数的状态,尝试从各种渠道获取市场、对手相关竞争者的各类信息，做好准备工作，同时要在谈判筹划阶段设定好己方的理想和底线，完成筑底的工作。这样在谈判桌上去争取和行使主动权时，你才有底，因此如果以后上谈判桌前你还在纠结要不要首先开价的问题，那请先思考一下你是否做好了信息收集和谈判筹划的功课。

反过来说，如果在谈判中被对方抢先设定了锚点，那该如何应对呢？"那就去压价啊"，这是我经常听到的建议，现实中大部分人正是这样做的。在对方出价后要么据理力争，要么软缠硬磨让对方再让一点儿，但这么做的结果实际就等于真被对方锚定住了，因为你只是在对方的方案上折腾，最终的成交也通常会在对方设定的锚点附近落实。那么，到底应该怎样处理呢？

首先，你应该意识到对方在尝试通过首先出价来设定锚点，然后告诉自己不要被锚定效应影响自己的心理预期，尤其是在你对市场情况并不清晰的情况下。然后，直接忽略掉对方的出价，不要理会对方的方案。接着，提出你自己的方案，虽然对方已经沉下了自己的钩子，但没有人说你必须被对方锚定住，你仍然可以沉下自己提前准备好的钩子。记住，这只是第一回合，你仍有机会把你的方案锚定在谈判桌上。

有个朋友想在郊区买一套小户型的房子，拉我跟他一起去看看。看完之后，他对一个楼盘的位置和户型都比较满意，颇有意向。房产销售人员也趁热打铁,希望在市场惨淡的情况下能赶快把为数不多的有意向的客户锁定下来。销售人员介绍说,正好有套房子昨天刚批的特价,原价为460多万的小三居,特殊折扣后只要430多万,而且只有一套,如果今天交5万元订金的话可以帮他锁定住(销售的经典套路,饥饿营销)。我朋友颇为心动,但他原本的计划是想买一套两居,把父母接来北京住。然而,两居室的价格是近390万,这样对比看来两居室比三居室每平方米贵了几千元,不是很划算(这也是销售的经典技巧,设定参考价格)。一想到只要稍稍抬升一些预算就可以从两居室升到三居室,我朋友还是很心动的。

我看出了朋友的纠结,便在边上做了一回"坏人":"三居室每平方米4.3万元,两居每平方米要5万。"我陈述了每平方米的房价。销售人员回应道:"是的,小户型的单价是要高一些。""我理解,如果两居室是4.5万的均价,也就是350万的总价,这样会合理一些。这样吧,我建议你考虑一晚,和家人商量一下,明天再确定吧。"我向朋友建议。"可是这是我们的特价房,明天真不敢保证还在不在,先生你可以先付5万的订金,到时候如果不要也是可以退的。"(这又是销售的经典技巧,逐步锁定。)我看到朋友有些为难,便继续建议说:"要不这样吧,你们留个电话,晚上考虑一下,如果想订,直接线上交订金。"朋友采纳了我的建议,要了材料,说要晚上回去和家人交流一下。

从售楼处出来之后,朋友就一直嘀咕,不会没有了吧?然而,三居室确实又有些超预算了,忘问两居室最便宜多少钱了。我说:"你先想想,拿着钱还怕买不着房子,销售人员比你着急,特价房也不会没有的,而且我估计也不只一套。"结果晚上8点多钟,朋友兴奋地跟我打电话说,销售人员称晚上公司突然又放出一套特批的两居室,价格355万,对他来说简直完美!并问我,他要不要立刻拿下。这个时候,我不好再扫他的兴了。他立马交完订金,之后又给我来了一个电话说,实在没想到,最后的价格355万居然比我早上随口一说的350万就高了5万。他当时还认为我在信口开河,更没想到买房子还可以这么讲价。

可是在日常生活中,人们是怎样讲价的呢?如果觉得销售人员报出的两居室390万这个价格有些离谱,人们习惯的做法是让对方便宜一点儿,或者说让销售把能给的优惠都给出来。然后,你经常听到的回答是:"如果今天付订金可以'5万抵10万',如果一周内付齐首付可以有1%的优惠,如果直接付全款还可以有额外1%的优惠,如果……"对方能给的全部优惠,好像是在挤牙膏(有一个销售的经典技巧——挤牙膏优惠),而且每项优惠都有它对应的条件。对于如何回价,我的建议是,当对方出价后,收集信息,但只是收集信息而已,不要被对方的出价影响,也不要向对方索求让步,直接给出你认为的合理价格。先不管有多大概率能让你的回价形成锚定效应,但至少要做到的是,不要在第一回合就缴械投降,即被对方的出价锚定住。

> 技巧 14:不为所动。虽然你想证明对方的方案很不合理,并且打算通过施加压力让对方退让,但这时切记不要争辩,一争辩你就输了,这样你就被对方锚定在他的方案上了。不要意气用事,直接回价,把这看作一场主动权的争夺战。

在主动权争夺战过后,你可能会面对两种情况:要么你占主动,要么对方占主动。下面我们来分别讨论下两种情况:如果是对方设定了锚点,该如何砍价;如果是你设定了锚点,该如何让步。

一般情况下,在谈判刚开始时,大家都不太清楚对方的底细和心里价位,因此第一次开价都是留有一定空间的。如果对方对自己的出价不是很有信心,或者预留的灵活度比较大,那么对方就有可能被你的出价锚定。然而,也有可能对方对自己的方案比较坚定,或者他本身的灵活性就非常有限,这样你僵持在自己的方案上也没有意义。这时,你不用去和对方争辩哪种方案更有道理,可以向对方了解其方案的依据和背后的原因。

在碰到这种情况时,销售人员一般会比较有灵活性。很多销售人员都受过如何挖掘用户需求的训练，其中有一个很经典的说法："客户要的不是电钻，而是墙上的一个洞。"在谈判时也一样，对方的诉求和他真实的需求经常不是等同的，这个时候通过提开放式的问题，就可以挖掘对方背后的真实需求。你有可能找到成本更低的方式去解决他的问题。

> 技巧15：刨根问底。在谈判时如果发现对方非常坚持自己的意见，很难通过说服辩论让对方放弃，这时不妨倾身向前，进一步了解其诉求背后的需求。尽量展现出愿意和对方一起解决问题的态度，这样对方更有希望分享他的限制因素和真实处境。

有的时候你可能觉得对方的诉求非常不合理，忍不住想挑战对方，那也可以尝试直接询问对方。如果对方没有足够的依据，其在心理上就会开始觉得站不住脚了，你可以从中挖掘出问题的本质，并给出更合理的建议。注意！千万不要使用质问的方式，这样会让对方觉得受到挑战，反而开始防御和抵触，那你的问题也得不到答案了。

虽然我不鼓励把谈判搞成讨价还价，但有时候我们还是要面对零和博弈的情况，你多占一点儿就意味着有人要少拿一点儿。在这种情况下，还是要进行讨价还价或者来回拉扯。不过，即便是菜市场的讨价还价,也是有技巧的。比较一下这两种说法,哪种说法比较好呢?

- "我多买一点儿你可以便宜一点儿吗?"
- "加一起便宜 5 元钱,我就多买两包!"

采用第一种问法,对方可能回应你:"不行啊!老板,真的已经很便宜了!"或者是会反问你:"你要多买多少啊?这样吧,你买 10 包我给你把 0.3 元的零头抹了。"不管对方是拒绝你,还是给你优惠,主动权都在对方那边。

采用第二种问法的好处是,即便在对方打下第一个锚点后,你仍然可以争取打下后续锚点,即降价的幅度和阶梯的锚点。采用这种方法的另一个好处是可以让讨价还价更有效率,避免陷入"你不说量,我就不告诉你价。你不告诉我价,我就不说量"的"车轱辘"话中,从而消耗宝贵的时间和精力。

第二种说法的最重要的好处是,让对方面对一个确定性的诉求。有的时候人们不肯答应对方的诉求,是因为对方的诉求太模糊了。每个人都害怕把自己暴露在一种不确定性的风险环境当中——我如果答应对方,那该做出多少让步合适呢?不确定性是所有人都在规避的一种东西,直接告诉对方你的具体诉求,这有助于消除对方的担心。同时，人在面对具体数字的时候，也会更直接地调用人脑最高级的部位对这个问题进行理性思考。

有一次一个商超采购员跟我说，刚进入一个新兴市场时，他们的采购量经常达不到当地供应商最低起订量的要求，而商超对成本又非常敏感，公司对他们也有节省采购成本的要求，这让他在跟供应商的谈判中非常为难。几乎每次他让对方再给一个更优惠的报价时，对方都会说这么小的量实在没法再优惠了。

我给他的建议是，不要问对方"可以再便宜点儿吗"，而是直接说"我需要你再给5%的折扣"。他后来很兴奋地跟我说，一部分的供应商同意直接打折，还有一部分同意按抵用券的形式给出。

技巧16：一针见血。在还价的时候不要问对方还能不能再便宜了，这样不管对方拒绝你还是部分地答应你，主动权都在对方。你应该直接提出自己的具体诉求，这么做你的诉求更容易得到满足，因为你实际降低了他所要面对的不确定性，同时也在帮对方对你的诉求进行理性思考。

很多时候人们都怕给出具体诉求，喜欢用含糊其词的方式，但这样其实会阻碍我们拿到自己想要的东西，绕来绕去也会让对方"摸不着头脑",搞不清你的具体诉求,有时甚至还会产生情绪问题。不要害怕直接具体地提出你的诉求,勇敢去捅破那层窗户纸,不然只会让对方觉得你对自己的诉求都没有足够的信心。

让步:用既定策略控制对方的贪婪

如果你成功地将自己的方案锚定在谈判桌上,那么恭喜你!不过,这只是第一步,因为完全按你的意愿成交的概率极低,你还有很多后续的工作需要做。对方仍然会尝试把你往他期望的方向拖拽。如果你心底也明白,再不做出任何让步、一味坚守"阵地",成交机会实际非常渺茫,那这个时候就要把你准备好的让步逐步释放出来,以促进交易的达成。

如何让步也是有技巧的,大部分人天生都不喜欢谈判,因此在现实中有些人喜欢一把"清台",直接退让到自己的底线,期望能通过快速让步以快速达成交易,从而结束谈判。然而,结果往往事与愿违。我们不妨换一个角度考虑一下这个问题,当看到对方大幅让步时,你会有什么感觉呢?有次我带孩子去看牙医拔乳牙,医生在诊疗的过程中发现孩子的牙齿有些潜在的问题,便提出了补救的方案，并开出了 30000 的报价。我说要回去考虑一下，并预约了一周后的时间再去诊所做详细的检查，过了几天医院的销售联系我，提醒我不要忘记检查时间的同时，又补充了一句，"还有先生您在我们这边是有八五折的权益的，所以方案折后的价格算下来应该是 25500。"你猜我听到这个折扣之后是什么感觉？是不是觉得对方的空间很大，而且后面可能还有更大的空间；或是对方这么急于求成，这其中会不会有什么蹊跷？或者就算是我还是准备选用这家诊所的方案，我会在八五折上收手吗？这只是一个开始。即便最后诊所坚守住了八五折的价格，我会是一个开心满意的顾客吗？主动的让步有时并不能达到预想中的效果，在主动舍弃利润的情况下，还有可能换来客户满意度的下降。那人们该如何让步呢？这里有几点建议：

·积极主动。当你发现自己的初始方案没法被完全接受时，你可以主动提出进一步的方案。需要注意的是，要确认对方设法接受你的初始方案，而不是假设对方不接受。如果对方采用主动砍价的方式，你仍然可以不理会对方的砍价，直接给出你的让步方案。记住，每一轮出价，都是一轮主动权的争夺战。

·步子要小。千万不要像肺活量测试一样，一口把自己所有的气都吐完，这样你会把自己置于退无可退、非常被动的局面。"车把要一点点地松",如果你有一尺的空间,建议一寸一寸地放。

·节奏要慢。得寸进尺是人性,在你给出让步后,对方继续索要更多的让步是很正常的事情,但即便你还有更多的空间,你也不要立刻答应下来。慢一点儿,甚至可以利用休会或者去跟公司请示的理由,让谈判停滞下来,这时也可以给对方一些时间让他仔细考虑一下你的方案。

> 技巧17:小步慢跑。人们之所以让步是希望让步能带来成交,但要注意让步时步子不要迈得太大,这时候效果反而容易适得其反;让步的频率也不适宜太快,把握节奏,小步慢跑,一点点放线。

有时候,迈大步的原因是人们为了给自己预留足够大的空间,在一开始漫天要价,随后便疯狂打折。这类技巧其实更适用于在菜市场中讨价还价,而非会议室里的商业谈判。

这么做主要存在几个问题:1.开价太高有可能把对方直接吓跑或直接激怒对方;2.大幅让步会让对方觉得你还有很大空间;3.下次见面,对方还会记得你之前的套路,直接大幅砍价。因此,我建议大家按照自己的期望值设定一个稍高一点儿的方案作为起点,一定要避免让步幅度过大,进而引发高开低走的局面。

之所以很多人不会让步,很重要的一个原因是,很多谈判者没有做好准备。我发现大部分谈判者在准备阶段最容易忽略的地方，就是没有计划好该如何让步，进而导致如下的结果：

- 一旦把自己的方案摆到桌子上之后，就完全丧失了灵活性。
- 面对对方所施加的压力时，因为完全没有计划而乱了节奏和分寸。

如果你不想面对这两种情况，那么最好对让步进行规划，然后再去谈判。

附加条款：实现"以退为进"策略的载体

通过让步促成交易达成，这还是一种存量经营思维。即便你的步子迈得再小，这个时候还是在往外丢东西，而且这些东西在现实中的价值可能会非常大。其实，解决这个问题的核心还是如何才能用增量思维去经营一场谈判。能不能升维其实取决你有没有附加条件，有没有表外的条款可以谈。什么时候是提出这些表外条款的最佳时机呢？其实就是在让步的时候。

技巧 18：以退为进。退的时候其实是提条件的最好时机。只要条件和让步对价，甚至是能创造出更多的额外价值，哪有什么道理不做出让步呢？相应地，只要你的条件与让步相比并不离谱，那对方也有很大的机会答应你的条件。

某咨询公司承接了一个新客户的前期咨询项目。因为项目属于公益性质，所以该咨询公司决定免费提供服务，但正由于是免费的，所以咨询公司并没有在该项目上投入最优的资源。另外，双方又是初次合作，还遇到了不少沟通的问题。这些因素的叠加，导致了该项目的严重延期，从原计划的 3 个月一直拖成了 6 个月。项目延期也给客户带来了很大的损失，当初决定选用该咨询公司的主管承受了巨大的内部压力。在经过内部讨论后，客户的法务部门决定向该咨询公司索取 2200 万的现金赔偿，以弥补他们所受的损失，否则就要向当地法院提起诉讼。

该咨询公司的 CEO 当时急得团团转。按照原计划，咨询公司一方面可以做公益，另一方面又可以和新客户建立合作关系，没想到现在不仅投入了公司的资源，还要面对巨额的现金索赔，这将给公司的现金流带来巨大的压力。该 CEO 咨询了律师后意识到，如果打官司，结果并不容乐观，还会有商誉上的损失。有人建议该 CEO 寻求外部谈判顾问的帮助，谈判顾问分析了咨询公司现在所处的形势，认为这2200万的赔偿其实是很好的谈判筹码。同时，他们还建议该CEO研究一下该客户近期可能会上马的大项目，作为谈判的条件。在做了充分的准备和筹划之后，该CEO邀请该客户的老板当面磋商，并拿出了自己的方案：

·方案A：2200万的赔偿数额巨大，没有办法一次性支付，否则会面临巨大的经营性问题，甚至导致破产，可以分8年向客户进行赔款，每年275万。

·方案B：如果客户能把近期一个标的金额约1.8亿的项目交给该咨询公司，该咨询公司愿意以一个特殊的商务折扣来承接这个项目，并且从所得利润中拿出2200万来进行赔偿。预期项目执行完后再加上付款周期可以在18个月支付完这笔赔偿。

经过了几轮谈判，最后达成的协议是：该咨询公司以1.68亿的价格拿到了该项目，并且该CEO处理危机的态度和咨询公司在项目执行过程中展现的专业精神也逐渐赢得了客户的信任，最后客户主动把这笔2200万的赔偿降低为180万。双方皆大欢喜，从此建立了良好的合作关系。

对方的诉求其实也是你手里的筹码，打好这张牌说不定会带来出人意料的结果。当对方对你有诉求时，其实正是你主动提条件的最好时机。如果你的条件能解决对方的问题，这对大家来说就是一个非常关键的"破局点"。

有很多谈判指导书中提到的一个观点是："寸步不让，除非交换。"然而，我认为，这么说太绝对了，有时候为了维护双方关系，也需要做一些有利于推进谈判和营造合作氛围的表态。不过，要注意一定不能做出实质性的让步，那么什么是实质性的让步呢？要注意两点：

·对你来说成本很高的，或对对方来说价值很高的，这正是你手里的筹码所在。筹码都送给对方了，还怎么在牌桌上坐得住呢？

·让步是世界上贬值最快的东西，一旦让出去就没有了任何价值。因此，如果要让，最好还能拉根线在手里，确保在对方撤梯子的情况下你还能收得回来，或者说至少要让对方感觉到你能收得回去。

如果你想试探对方跟你合作的诚意和态度，其实不一定要用让步来试探，你可以尝试提供一些你方的信息，然后留心观察对方的反应。如果他也相应地分享了一些他的信息，那你面对的可能是一个懂得投桃报李的对家；如果对方只字不言，甚至开始利用你刚才透露的信息，那你就要做好准备，保护好自己的信息，更不要做无条件的让步和无意义的牺牲。

> 技巧 19：投石问路。对手究竟是一个懂得礼尚往来的人，还是只会咄咄逼人的人？当不清楚这一点时，你不妨先用一些信息和小的示好行为测试一下对方的反应。这好比你在谈判桌上放出的无人侦察机，从而避免做出实质性和不可收回的让步，把自己置于任人宰割的境地。

阶段锁定：随时巩固谈判已获得的成果

在长期的观察中，我发现，很多人都知道一步一步地退，但却不懂一步一步地进，总想一口吃成大胖子。本来对手已经同意满足其 60% 的诉求，他还是不满意，继续争辩为什么不给那剩下 40%，总想一竿子插到底。我经常会看到由于双方争执不下，最后那本已到手的 60% 也没有了。有的时候，本来对方已经准备做出更多让步，但因为争执产生的情绪问题，最后却寸土不让了。如果你已经达成了 60% 的诉求，不妨先锁定下来，在这里安营扎寨，稍做休整再行商议，而不是要在一个山头的争夺战上消耗所有的子弹，打一场 "0 或 100" 的大决战。

A公司是一家制药公司，B公司是A公司长期合作的原材料供应商。A公司每年都会从B公司采购一定批量的原材料。过去这几年其每年采购量都在300~500桶，每桶的采购价格是315美元。A公司同时还从其他公司采购一些相同的原材料，其近几年每年的采购总量都在1000桶左右。A公司今年计划对供应商进行整合，目标是实现15%的成本优化，B公司是他们的优选对象。A公司邀请B公司针对未来3年的框架合同提供阶梯报价，以下是B公司给出的方案：

- 300桶，每桶318美元
- 500桶，每桶310美元
- 800桶，每桶300美元
- 1200桶，每桶280美元

A公司的采购总监一下被激怒了，跳起来就质问对方，本来是想给对方一个更大的机会，没想到对方居然趁机涨价，这样让他们完全没法再继续合作了。B公司的销售代表赶紧解释说，因为原材料价格上涨，鉴于A公司是他们的长期合作客户，这已经是他们能给出的最优价格了。

这时如果你是甲方的那位采购总监，当听到乙方给出的这个方案时，你可以抓取到什么对自己有利的信息呢？如果是我，我会更重视如下几点：1.B公司有足够的供货能力，能满足我方1000桶的采购需求；2.他们当下提供的最低报价是每桶280美元，这已经比之前的价格有了11%的降幅，虽然还没有达到我方"优化15%"的目标，但这时谈判才刚刚开始。

当然从乙方的角度来说，这个方案也存在很大的问题，你发现了吗？先考虑一下，我会在下一章继续进行拆解（参见本书第六章关于2019年"医保谈判"的分析）。

> 技巧20：步步为营。仔细聆听对方的方案和建议，抓取到其中对你有利的部分。尤其当对方已经满足了你的部分诉求时，先不要执迷于那些对方还没给的东西，赶紧确认并敲定那些已有成果，落袋为安，再做打算。

一位喜欢登山的朋友告诉我，在攀岩时必须不断向崖壁敲入钉子。经验丰富的谈判者通常都具备这种判断力和执行力，在谈判中能够做到步步为营。在谈判中及时进行澄清和总结，其实对谈判各方的心理都能产生积极的影响。如果大家都看到谈判在稳步地向前推进，那么所有人都会存在阶段性的成就感，这样更有助于建立良好的氛围和达成最后的协议。比起还没有到手的东西，人对失去已经到手的东西会更加在意，达成一些阶段性的协议也可以在对方心里构建一种虚拟成本。如果最后谈不成，他就要失去这些阶段性协议所取得的成功，这是代价。

谈判和任何其他事情一样，只有把基础工作做扎实了，最后的结果才会水到渠成，一步登天不现实，也不牢靠。

另外，如何给谈判画上圆满的句号，其实也是一件非常重要的事情。通过谈判达成协议，往往只是双方展开合作的第一步，只有确保协议的内容最终能够落实和得到执行，才可以说谈判实现了其目标。

即便谈判桌上的方案看起来已经让你足够满意了，但也不要操之过急，更不要让对方看出你急切地想结束谈判。这个时候你更需要慢下来，整理一下现在大家已经达成的共识，澄清和确认每一项条款，避免留下双方可能存在不同解读的"灰色地带"（有些可能是对方有意而为之）。尤其在牵扯到执行协议的谈判中，不要以为签署协议就大功告成了。千万别觉得，执行是别人的事情，或将这个问题留到以后再说，这等于在给双方挖坑埋雷。我建议大家可以根据 ARCI 模型来构建谈判团队和内部沟通模式，进而避免日后产生相互推诿的情况。

还有一个问题，最后阶段我们是应该穷追猛打，榨干对方最后一滴血呢，还是应该给双方都留一些空间和情面？这其实还是要看我们面对的具体情况。

如果是一次性交易或者你还有其他选择，那你其实不用留太多情面，比如在旅游景点买纪念品或房产买卖。对方只要愿意成交，就说明他是可以接受的。然而，如果交易涉及日后执行的问题，那么你还是要考虑对方有多大的意愿去执行你们达成的协约。

有时候，谈判桌上的方案实际已经在双方的成交空间之内，但双方一直围绕"谁来做最后的让步"僵持不下，这就是面子问题了。因此，要想想，如何能让大家在不失体面的情况下同时下一个台阶？

技巧21：借坡下驴。僵持在那里并不明智，但是直接退让又显得很没有面子，这时不如重新提出一个小条件，最好是对方比较容易答应的条件，相当于是给对方递了一把梯子，让大家都能体面地走下台来握手成交。

争强好胜是谈判中的大忌，重要的是实现自己的目标。当已经达成各自的目标后，双方还在争执不休，这其实就是脑中那架奇怪的天平在作祟。"我有没有赢？我有没有赢得更多？对方有没有输得更惨？"因为存在这类心态，人们往往会产生坚守或攻击行为，进而导致双方最终无功而返。

切记，不要为了谈判而谈判，也不要为了赢而谈判。你是想通过谈判获得一个朋友还是树立一个敌人？要留有余地，双方都要下台阶，谈判的最终目的不仅仅是达成协议，更是为了确保达成的协议能够被落实和执行。

节奏：充分利用休会来把控谈判进程

关于谈判的主要过程和技巧，我已经讲了不少了，但要把这些技巧慢慢变成自己的技能和习惯，还需要在日常的工作和生活中不断地去练习。等到大家对这些技巧驾轻就熟时，我们可以来考虑下一个问题，怎么像指挥家一样掌控和主导整个谈判的节奏。如何把这些技巧无形化，并融入整个商务谈判的过程中。

对于节奏，其实很多事情都是共通的。大家可以从自己感兴趣的活动中寻找答案，比如足球比赛、音乐剧等。我认为，掌握节奏感的关键在于：张弛有度，循序渐进。

刚开始时，所有人可能都很难找到这个节奏感，这个时候不如慢一点儿，在遇到没有考虑清楚或者处理不了的问题时，当你陷入争辩或对抗情绪当中时，甚至感觉对方的方案好像已经满足了你的期望时，都可以像篮球比赛一样叫一个暂停。

> 技巧 22：重整旗鼓。退下来整理一下已经获得的信息，对之前的谈判做一些复盘分析，也可以邀请其他人从各自角度发表一下意见，重新筹划一下你的战略战术。这么做的话，也等于给对方一定的时间和空间，让他们能好好考虑一下你的方案。

现实当中的谈判有很多休会，实际上越是重要的谈判耗时越久。中国加入 WTO 的谈判持续了 15 年，很多大型项目的信息集采和框架谈判的确定通常也要耗费几个月甚至数年的时间，中间会经历无数次的休会和重启。你可以有很多提出休会的方式，其中经常被用到的是：需要回去请示一下领导。

> 技巧 23：扮猪吃虎。很多决策者都刻意避免自己出现在谈判团队当中，甚至即便自己就是那个可以拍板的人，也会托词自己做不了主，需要请示。这其实是在构建一个虚拟的更高权威，从而为自己留有一定余地，也为谈判保留一些空间。

另一方面，对于谈判代表和团队的授权需要提前做好界定，授权越大，风险也越大，在大宗交易和关键项目的谈判中，这一点尤其重要。不过，过于严苛的限制又会导致谈判代表在谈判桌上丧失灵活性和创造力。因此，我推荐的方式是有限的充分授权，即在限定的范围内，对谈判代表和团队进行充分授权。一旦超过边界，就应该重新进行内部的商议和决策，避免谈判代表让步过大，对公司造成不可逆转的损失。

借力：将己方需求和彼方诉求糅合在一起

> 拳无影，脚无形。
> 无门无派，随心从缘。
> 天下万物，日月行天。
> 勇而不敢，拈花微笑。
> 得之则少，失之弥多。
> 人刚我柔，随心从缘。
> 心中无敌，无敌天下。
> 舍己从人，归去来兮。
> 用功，守住有行；
> 用心，融入无形。

这是2017年"双十一"上映的短片《功守道》的片尾词，当时适逢阿里巴巴成立18周年。我们仔细品味这段词后可以发现，这其实是马云纵横商海18年所悟出的生意经。这一段话同样适用于谈判桌。谈判桌上的顶尖高手都非常善于"打太极"。如果你仔细观察，就会发现他们用的都是一个套路。如果要提炼其中的精华，无非就是以下两个秘籍：避重就轻，借力打力。

谈判高手不喜欢唇枪舌剑，因为一争，你就输了。为什么这么说呢？因为你一争，实际就陷入到对方的逻辑中，被对方锚定住了。一旦你开始跟对方争吵、解释，你就陷入更深的冲突沼泽了，而往往这正是对方为了避免和你谈判而故意设置的圈套。有时候，尽管对方可能只是想借此降低你的预期，本身还是愿意和你继续展开谈判的，但无论如何，你的反应都让自己陷入了大漩涡中。

有一位非常知名的体育明星在接受庭审时，就出现了非常严重的沟通问题。在和裁决者进行对话时，当事人采取了"论对错、争输赢"的辩论方式。裁决庭不是竞技场，当对方也有决定权时，你要俯下身去和对方交流，而不是用自己的价值观进攻别人的价值观，用自己的道理回击别人的道理。你需要做的是帮助对方或第三方建立对你的同理心，而不是攻击和树敌，特别是在这种决定权完全不在自己手里的情况下，更不应该如此行事了。

这么说完全不是针对当事人，就像我也不可能去奥运会夺冠一样。不能要求世界冠军同时也是沟通专家或危机管理专家，成为一个领域的佼佼者已经非常不容易了，而且如果没有争强好胜的那股劲儿，可能也没法在竞技场取得优秀的成绩。不过，每个人还是需要知道在自己不擅长的领域，尤其是关键时刻，要能调度资源找到专业的团队来帮助自己，不要让命运任由自己的性子掌控。

首先要识别当下的境遇，然后再决定自己的策略。是单向影响的场景，还是双向沟通的场景？需要采用说教的方式，还是尝试化解的路子？是要选择对抗，还是协作？俗话说"性格决定命运"，性格其实很大程度上就反映在人们的说话方式上。好好说话，就是在改变命运。

> 技巧24：避重就轻。即使被对方攻击、威胁、辱骂，谈判高手仍会不为所动，继续就自己关切的问题进行讨论，或直接提出方案，突出重围。无我，无形，让对方拳拳击空，浪费的是对手的体力。你的反应也让对手知道对你施以重拳好像并不起作用，他也慢慢会放弃使用这种方式。

对于对方的诉求，谈判高手并不会直接反扑。他们总是充满了好奇心，想搞清楚，对方为什么要这个东西？这个东西对他意味着什么价值？如果这是他真实的诉求，应该如何把自己的需求和他的诉求糅合到一起？谈判高手把对方的诉求看成千载难逢的机会，既然他有求于我，我何不成人之美，并同时索取回报。

技巧 25：借力打力。以彼之所求，换己之所需。把对方的诉求和自己的需求糅合在一起，就像太极一样，你中我有，我中有你，相互关联，来回转换。

这说起来好像很有道理，但做起来其实非常困难，因为这和人类数百万年来所形成的习惯背道而驰。当有人索取东西时，人们立马就会产生应激反应，并开始保护这个东西，不管这个东西对自己来说是否重要。我经常在谈判中看到的情况就是：不给要的，给不要的，要不给的，不要给的。

我曾在现场观摩过一家公司内部的裁员谈判。几个高管坐在一起就裁员方案进行磋商，可想而知这不是一场轻松的谈判，要不然他们也不会请我坐在那里。老板给出了公司整体的成本缩减目标，需要各部门拿出切实可行的计划和人员名单，这可谓是一场彻彻底底的零和博弈，一个部门砍少一点儿就意味着别的部门要砍多一点儿，最后的结果只能是"少输当赢"。

经过了整整一天充满火药味的谈判，各个部门终于接近达成协议，但最后的方案意味着有个部门要比其他部门多做出一些贡献，虽然只是一点点而已。该部门负责人变成了整个协议是否能达成的关键，但他觉得非常不爽。几经挣扎之后，可能想到了在我的课上所学的"打太极"的技巧，于是，他决定提出自己的需求以匹配其他部门的诉求。

他最后提出的条件是：如果其他部门的裁员人数比他的部门多，或者至少与自己部门持平，那么他愿意接受这个方案。可想而知，大家听到他的方案之后炸开了锅，整个谈判室又乱成了一锅粥，吵得不可开交。

事后我问他，你的需求是什么？他说，其他部门的裁员水平至少和自己的部门接近。我又问他，那这样的需求可以帮你争取到什么？他一时语塞。是啊！除了其他部门的怨恨之外，什么也没有得到。在被情绪控制时，人们尤其容易干出这种损人不利己的事情。为什么会这样呢？完全是因为人们的胜负心太重，老想着赢，或者老想着不能输，但到最后其实什么也没争取到，还惹得大家都不开心。

这个方案看似在满足对方诉求的基础上提出了自己的需求，但需求又和对方的诉求相互排斥。大家可以帮他想想，到底应该提什么样的条件呢？我的建议是不妨聚焦在和自己的切身利益最相关的方面，比如要求日后的优先招聘权，或把多出来的这部分资金留作奖金，用来激励自己部门表现优异的员工，等等。我为什么一直强调，大家在谈判时不要想着双赢，因为一想到赢，就会"想赢怕输"，忘记自己的目标和需求。如果真要讲双赢的话，那就想想如何让对方感觉到"赢"，只有这样，你才能赢得对手，获得更多。

》》》敲黑板：

1. 开场在谈判中非常重要。好的开场可以帮你奠定整个谈判的基调，设定谈判的起点和方向。好的开场通常应该做到如下几个方面：直面困难，缓解气氛，积极表态，管理期望。

2. 可以通过透露一些信息来管理对方的期望。在谈判的开始阶段就进行一些微小的信息交换，这样可以潜移默化地促进双方的交换行为。

3. 要尽力争取掌控谈判的主动权，这包括主动设定谈判的议程和框架，还包括通过主动开价来打下第一个锚点。最终的成交条件往往和谈判桌上的第一个方案有很强的相关性。

4. 上谈判桌时，要尽力避免自己处于心里没底的状态。你可以尝试从各种渠道去获取市场、对方、相关竞争者的各类信息，做好摸底工作。

5. 不要争，一争你就输了，一争你就被对方锚定在他的方案上。直接回价，把这看作一场主动权的争夺战。

6. 在谈判时，如果发现对方非常坚持自己的意见，而你的说服工作毫无效果，那么这时不妨倾身向前，搞清楚对方的真正需求，并致力于共同解决。

7. 要敢于直接提出自己的具体诉求。绕来绕去只会让对方摸不着头脑，搞不清你的具体诉求。

8. 要学会在谈判中不断打下锚点。这样大家都可以拥有一些阶段性的成就感，进而更有助于建立良好的氛围和达成最后的协议。

9. 我们不要为了谈判而谈判，不要为了赢而谈判，甚至也不是为了达成协议。只有达成的协议能够被落实和执行，谈判才具有意义。

10. 俗话说："性格决定命运。"性格其实很大程度上反映在人们的说话方式上，好好说话，就是改变命运。

11. 谈判并不是阻止对方拿到他想要的东西，而是抓住这个机会尽力实现双方的目标。要学会借力打力，以彼之所取，换已之所需，做到你中有我，我中有你，相互关联，来回转换。

第六章

训练

了解谈判的知识和技巧之后，还要将这些知识和技巧转化为自身的技能，因为知识和技能完全是两件事情。知道怎么做，不一定真能做出来；能做出来，不一定能形成习惯；习惯形成后，在压力之下不一定能保证习惯不变形。

人们总会不断犯错，因此要坚持"训战结合"，不断反思、总结。当然这会带来极大的不适感。现在想起之前经历的很多场谈判中的对话和细节，我也会懊恼不已。不过，只有真正敢于面对自己的错误，你才能带着满身弹孔、脚踏实地地一路向前。

测试 1：阶梯式开价

你是一家生产企业的采购责任人。读完 MBA 后，你的老板引入了"零库存"的管理理念（即原材料、半成品和成品在采购、生产、销售和配送的过程中，均处于周转的状态，不以仓储的形式存在）。然而，现实情况是，市场的订单会在时间上有明显波动且不太容易准确地进行预测。你向老板建议，现在推行零库存完全不现实，起码在采购环节现阶段是无法做到的。与此同时，你也承诺，会尽量做到"薄库存"。要做到这一点，就需要供应商的配合，他们必须有一定的备货，并且能尽量压缩 lead time（订货至交货的时间）。老板同时还提出，希望你今年能进一步优化原材料的采购成本（即降低）。老板并没有给出具体的要求，只是说："价格越低越好，质量越优越好，备货越多越好，供货越快越好。"简单来说就是："多快好省。"

拿到老板这个拍脑袋定出来的需求后，你分别约了两家供应商（S 公司和 W 公司）谈判。你的公司每年从 S 公司所采购的金额约 2100 万元，占总采购金额的 30%，每年从 W 公司采购的金额约 1330 万元，占总采购金额的 19%，而 W 公司的单价约比 S 公司高 4%。另外，你的公司还有 51% 的采购金额花在了其他供应商那里。

这两家供应商都是本地企业，且你们双方已经合作了多年。老板之所以要求质量越优越好，是因为原材料质量对于你们的产品竞争力非常重要，而且同为生产企业，你也知道供应商的利润空间不会太大，库存对大家都会构成不小的压力。显然，公司现在的采购份额过于分散，导致你很难进一步跟供应商议价。于是你建议进行供应商整合（Vendor consolidation），老板也同意这个做法。

经过一段时间的考察，你决定优选 S 公司作为主要合作供应商，并倾向提升 S 公司在你们的采购份额中的比重，从现在的

30%提升到50%~60%,以换取更好的价格和服务质量。不过,S公司现在的报价已经是所有供应商中最低的了,你也不希望因为价格杀得太狠,直接导致后面可能产生的质量问题和交付风险。当然,你也不知道对方的底线和让步空间在哪里,你约了S公司的代表进行谈判,那么现在问题来了,你该如何开价和提出你的要求呢?

A. 现在我们的成本压力很大。作为长期供应商,我希望你们也能更好地支持我们。我们也可以考虑给你们更多的业务,请告诉我你们最低的价格。

B. 我们准备谈一下未来几年的合同价格,上午我已经和W公司谈过了,他们准备降价10%,你们要是降不到10%就别谈了。

C. 我这里有一个好消息,还有一个坏消息。好消息是我们准备把你们的份额提高到50%~60%,坏消息是你们必须在现有基础上降价,还得提前备货,请考虑一下后答复给我。

D. 现在是这样的,老板要求整体成本要优化10%,因此我们准备对供应链进行整合。基于之前良好的合作关系,如果你们还是维持现在的价格,我还是可以给你们10%的份额;如果你们降价3%,我可以给到你们20%的份额;如果降价6%,我可以给到你们30%的份额;如果降价8%,我可以给到你们40%的份额;如果降价10%,我可以给到你们50%的份额。

我们首先抛弃 A，因为完全是"空对空"，这样的谈判非常没有效率。一般没有经验的谈判者比较喜欢采取这样的策略，总喜欢把主动权交给对方。

有一些经验的谈判者一般会采取 B，争取主动开价，并把其他玩家放到桌上来，以此作为压价的筹码。不过，这种方式是否起作用还取决于对手的段位。对于乙方而言，竞争对手肯定是个威胁，然而在谈判中，甲方越提竞争者反而越不是威胁，为什么呢？可以先想一想，本章后面会给出详细解读。

C 是将好消息和坏消息搭配在一起的经典套路。采购负责人考虑把 S 公司的份额提高到 50%~60%，却没有开出目标价格，这种方式简单来说就是"我对你倾尽所有,但怎么对我悉听尊便"。我建议大家不要用"50%~60%"这样的说法，这在对方看来就是 50%。不要给区间，如果对方需要空间，他自己会想办法争取，给出区间只会显得你对自己的提议没有信心。

技巧 26：不左不右。在给出方案和建议时，不要给一个区间范围，对方只会听见你的下限而忽略你的上限。这种做法甚至都不如直接告诉对方你的下限，因为给出区间的做法不仅透露了你的下限还暴露出你信心不足。在提方案时，只给一个具体的数，如果对方需要灵活度，他会主动去争取和试探的。

D 是最长的方案，也是我更推荐的方式，但这个方案的好处不在于长，而在于它更加具体。同时，更重要的是，它使得你能最大化地利用自己手上的资源。瓶装水比桶装水的单价要贵，土豆做成薯条就能卖出好几倍的价格，单买零件的费用可以组装好几辆整车……其实几乎任何东西都是，切得更碎，就卖得更贵。

> 技巧27: 化整为零。资源并不能"取之不竭、用之不尽"，一定要省着用，每一块好钢都用在刀刃上。不要把手上的资源一股脑儿全撒出去了，牌要一张一张出，一步步地去交换。

这个方案还有一个隐形的好处，就是可以以此来试探对方的底线，10% 其实不是你的真实诉求，但你也不知道开多少好。只是说这是老板对于整体成本优化的要求（有没有听出来这其实是有灵活性的），然后用阶梯价格一点点地试探对方的底线和空间。当你给他更多的份额和业务，而对方也不愿意接受你的价格时，你就知道可能已经杀到他的底线了。一般而言，我"只求低，不求底"，不然有可能给未来的自己挖坑。在谈判中追求"杀到底"和在炒股中追求"抄底"，可能都不是个好主意。

测试 2：周旋式开价

切换到另一个乙方场景，你是 H 安防设备公司的销售人员，客户 M 公司有意采购一批你们的设备。在电话中，你了解到，其需求是带热成像测温功能的摄像头，另外他们还邀请你们直接会谈。在谈判桌上，对方又进一步明确了他们的需求，这批测温摄像头需要达到 ±0.1℃ 的测温精度，每个摄像头能同时检测 15 人，要具有 4G 和 Wi-Fi 无线传输的功能，并且配置一套带人脸识别和异常报警的中央控制系统。他们当下的需求是 30 套，覆盖其主要的出入口，后期可能还会增加部署。另外，M 公司还要求两周之内到货。你详细记录了这些需求，如表 5-1。

表 6-1　M 公司的需求

事项	要求
设备	热成像测温摄像头
精度要求	±0.1℃
并发处理数	15
传输要求	有线 + 无线（4G & Wi-Fi）
数量需求	30 套
其他需求	人脸识别，异常报警
到货时间	2 周

你们确实有能满足这些需求的设备，每个摄像头的目录价是5.8万元（带无线功能）和5.2万元（不带无线功能）。不过仅仅靠热成像，摄像头只能达到±0.3℃的测量精度，要达到±0.1℃的测量精度还需要加装一个外置的测温黑体，价格是2.5万元。其他的要求没有特别增加你的成本，只需打开相应的软件功能和系统配置即可。市面上，其他竞争对手也可以提供类似功能的产品，据你了解其价格和你们没有太大差异。你现在该如何回应甲方的需求呢？

A. 直接告诉甲方，你的报价为249万元整（5.8万/套×30套+2.5万/套×30套）。

B. 告诉甲方，30套设备的价格是249万，额外成本需要另行核算。

C. 告诉甲方，30套设备的目录价是249万，具体价格还可以再商量。

D. 问问甲方对这30套设备准备了多少采购预算？

E. 向甲方了解，他们为什么有这些要求？

显然，首先应该排除选项D。很多关于销售技巧的培训或者指导书都会告诉读者，要去了解客户的预算，我平时也会了解采购的预算，但这不是在谈判桌上该问的问题。在公开场合，甲方很难告诉你其真实的预算规模。这种问法等于就是放弃了主动权。

选项 C 也是明显不可取的。在日常工作中，很多人都会犯这种错误，提出自己的方案后，马上表示自己的开价高了，并且准备让步。猜猜你的对手会怎么看你？"这家伙漫天要价，自己都知道自己开的价格多么不靠谱。"因此，提出方案以后，你要先忍住，不要说话，并观察对方什么反应。不要担心你的方案把对方直接吓跑了，真想跟你做生意的人，会诚心跟你还价的，那些问一下就走掉的人，一般也就是问问而已。

谈判不是火箭科学，没有标准答案，A/B/E 选项在我看来都是可以的。我个人更倾向 B 选项。在表达灵活性的同时还管理了对方的期望。不但通过开价为谈判打下第一个锚点，还为自己留了一个口子。即使后面真有额外成本，甲方也不至于产生"你坐地起价"的感觉，因为你已经提前知会了。

E 也是一种可行的方式，甲方抛出了这样的需求，可是他们为什么有这样的需求？是他们自己的判断还是受到竞争对手的影响？他们的判断是否考虑周全？这里面有没有什么其他的潜在机会和风险？这都是可以深挖的东西，了解了对方背后的需求，你就可以优化自己的方案，争取既能满足对方的需求又可以提升我方的利益。

测试 3：反转式回价

假设你就是 M 公司的谈判负责人，而且之前你已经从侧面了解了市场行情，并做了 230 万的（6 万 / 套 ×30 套 + 30 万的系统 + 20 万的配套）预算。这 30 套就是你当前的全部需求，并且近期内不会再有新的采购计划。在找 H 公司谈判前，你已经向另外两家 S 公司和 J 公司进行了询价，这两家在核算后给出的价格分别是 320 万元和 265 万元，H 公司的首次报价 249 万元目前看来是和你的预算最接近的。你现在会如何跟 H 公司回价呢？

A. 告诉对方，你已经收到 S 公司和 J 公司的报价，要远低于他们给出的报价。

B. 表示惊讶，然后提出，他们给出的价格太高了，要他们给个更好的价格。

C. 直接告诉对方，你的预算只有 230 万，这是不可突破的底线。

D. 告诉对方，你的目标价格是每套 6 万，总价 180 万。

E. 告诉对方，你后面还有更大批量的采购计划，让他们给出更低的折扣。

首先要排除选项 B 和 E。虽然这是人们在回价时的常用方法，但这其实还是把主动权谦让地放在了对方手里。对方有可能会看出，你其实是因为心虚而不敢开价。当然，也有可能在你的软磨硬泡之下，对方会一点点地把价格降到你能接受的区间，但来来回回会耽误很多时间。如果你心底有一个期望的价格，为什么不直接告诉对方呢？

在向对方提出你的诉求时一定不要含糊其词，或遮遮掩掩。"你这个东西给我便宜点儿，意思一下啊"，这种说法实在太随意了。如果你对自己的要求都不严肃，那么怎么能希望对方认真考虑你的诉求呢？

也许有人说，我这么做是想探探底，如果对方给出的价格比我的期望值更低呢？其实，参考"冲突空间"的模型，你就会明白，这基本就是在做白日梦。选项 C 等于向对方亮明了自己的底牌，你其实有 230 万的预算。

选项 D 是不错的选择，在自己的预算上打个折扣，然后直接告诉对方一个目标价格。为什么要这样做呢？

首先，你一定要有一个具体的需求。可以对比一下"便宜点"和"便宜5%"这两种说法，人脑对于第一种说法的反应是"定性信息"，而对于第二种说法的反应则是"定量信息"。对于定性信息，人们容易用感性的方式处理，而对于定量信息，人们更容易用理性的方式去处理，人脑就是这么设计的。如果想让对方认真思考你的需求，你就告诉他一个具体的数值，越具体越好。对手的大脑皮层就会被激发并开始计算，这是他自己无法控制的。相反，对于定性的、含糊的、不确定的信息，其实更容易激发对方的情绪。"不确定性"在人类的进化过程中通常被视为一种威胁，人们的应激反应就是为了规避"不确定性"。

另外，要给自己留一定的空间，也给双方留一些空间。在你有让步空间的地方让步，然后换取其他地方的收益。如果你寸步不让，其实就等于选择了听天由命，谈判也就变成了抛硬币游戏，正面（我的出价正好在对方的底线之内）就成交，反面（我的出价超出了对方的底线）就拉倒。"留空间"其实也是为了给自己留主动权。如果对方不接受你的出价，那么你可能要做出让步（比如说，你准备在180万的基础上增加10万），而你这时完全可以提出新的条件（比如只付30%的预付款的需求，或者是要求对方延长保修期限）。

再给大家讲一个我身边的小故事。我有个朋友是个表迷，他和很多人一样一直希望能以合适的价格收入一枚劳力士的绿水鬼（一款潜水表，以独特的绿色表盘闻名）。有一次，我们一起在一个老大哥家里喝酒，酒过三巡，这位大哥打开他的表柜，让我们欣赏，里面正好有一款绿水鬼的存货，成色非常不错。这位大哥说他基本没有怎么带过，我朋友问这位大哥多少钱愿意割爱。大哥说："你要真心想要8万元拿走！"

8万其实已经是非常不错的价格了。我的这位朋友当时跟大哥开玩笑地砍价："大哥你又不差这只表，不如送我好不好？"大哥笑了笑，当然没答应。又喝了一会儿后，我这位朋友还是心里痒，又尝试还价道："大哥，我是真心想要，你5万元转给我行不行？"没想到，这位大哥非常爽快地同意了："没问题，你拿走吧！"

你猜我这个朋友当时是什么心情？我明显看到他脸色一沉，本来嬉皮笑脸的表情突然收回去了一下，不过立马又镇静地说道："真出啊？那我可真收了啊？"不过我明显感觉到他有些后悔。在离开的路上，他不停地盘弄着惦记已久的表，并问我："你说我是不是出高了？"

后来，我在上海又见到他。在一起喝完咖啡之后，他又拉着我走进劳力士专卖店，让店员帮他看看这块表到底有没有问题。

为什么他会有这样的心理状态呢？这明明是他自己喊的价格啊，而且还如愿以偿地成交了。然而，这其实一点儿也不奇怪，如果这位大哥和我们不熟悉，我这位朋友肯定还会继续还价，这次只是碍于面子才没有这么做。这也使得这块表成了我这位朋友的心病：为啥大哥平时不戴呢？为啥这么便宜卖给他呢？

问题的关键显然就在于大哥直接接受了他的第一次报价,双方少了相互探底的过程。想想看,在市场上讨价还价时,如果对方直接接受了你的第一次报价,那么你会是什么心情,会非常开心,还是会有点儿后悔觉得自己开高了?

很多人跟我说:"李老师,我这个人耳根子太软了,请问谈判中该注意什么?"其实不妨告诉大家,我本身也是一个很好说话的人,对于朋友的要求向来不喜欢拒绝,热心肠,爱揽事。这样的性格特点从事销售或维护客户关系都不错,但是到了谈判时,就必须切换模式,最起码你要做到的一点就是,不要随便说"没有问题"。在谈判中,没有问题就是最大的问题。从另一个方面来说,你的方案被人拒绝其实也是一件好事,起码证明你没有出价太高。接下来,双方可以开始进入谈判的环节,并围绕你的方案进行协商。

> 技巧 28:三思而行。没有问题就是最大的问题!就算你对对方的方案已经非常满意了,但你的爽快可能会引起对方的不爽,反而产生被你占了便宜的感觉。如果你想维护双方的良好关系,那就不要太快反应。你可以表示自己会考虑其建议,然后看看能不能根据其建议进行一些优化。让对方觉得大家都已经尽力争取了,这样他们才会有达成了一笔不错的交易的感觉。

复习一下，在回价阶段，你需要做到的是：

千万不要争辩，一争你就输了。你就算能证明其目前的方案有多不合理，主动权还是在对方那里。他只要对自己的方案稍做修改和让步，看起来就已经是在迎合你的需求。无论你如何穷追猛打，方向盘还是牢牢地掌控在对方的手上，你最多只能做个不好惹的乘客。

尝试重新开价，争取夺回主动权。如果你看到对方在主动开价，这时候一定不要坐以待毙。就算对方提出了一个让你极度不舒适的方案，在表达震惊之余，你仍要不慌不忙地把自己的方案摊在桌上。这种情况，我们称为方向盘争夺战，一旦桌上开始论讨某方案，它其实都已经被锚定在谈判桌上了。

测试4：破局式提问

现在，你又变身为H公司的销售人员。按M公司所需产品的目录价格来看，只有测量精度和无线功能会影响你的报价。诸如安装辅料和服务器已经全部折算在单台设备的价格当中，这样249万已经是全包的价格。另外，你的职位有给客户"八五折"

的授权。当给出 249 万的报价,并且说还需要根据具体情况进行核算后,你遇到了不同的情况:

A. 客户勃然大怒,告诉你他们已经收到 S 公司和 J 公司的报价,要远低于你们给出的报价,因此你必须大幅降价。

B. 客户告诉你,这次的预算只有 180 万,后面还会有更大的订单,对你们公司是很好的机会,让你去找公司申请特殊的折扣。

面对这些情况,你该如何去处理呢?如果遇到情况 A,你是不是会感到很大的压力?可是我要恭喜你,你现在形势不错。为什么这么说?你想想如果客户真的已经从你的竞争对手那里拿到更好的价格,他还犯得着在这里跟你拍桌子、干瞪眼吗?他更可能的说法是:"哦,这样啊,那把你们的方案放在这里,我们回头研究一下吧。"谈判的时候千万不要害怕别人向你发脾气,这个时候你要跟自己说:原来对方这么需要我,所以才会如此用力!先给自己加一分,然后再继续谈判。这个时候一定要注意杜绝以下行为:

· 跟客户解释竞争对手的东西为什么那么便宜,有哪些缺陷。好不好他自己心里很清楚,而且你越要证明他说的东西不好,他可能越要证明他说的东西就是好。整个谈判就翻车了，后面你要浪费很长时间去谈一些对双方都毫无意义的东西，而且会引发对抗情绪，损害关系。

· 不要对方刚施加压力就立刻让步，这样是在鼓励对方以后都用这种方式对付你，因为你用实际行动告诉他，这种行为非常有效。

Any negotiator worth their salt will tell you that in any kind of conflict, you should never ever give up anything unilaterally. Never! If you do, you encourage the other side to ask for more.

任何一个称职的谈判者都会告诉你，在任何谈判中都绝对不要做任何单方面的让步，绝不！如果你这样做，你其实就是在鼓励对方找你索取更多。

——苏格兰坊谈判专家 罗宾·科普兰

要么打（反驳），要么逃（妥协），面对冲突时，只有非常小心，你才能规避应激本能的影响。接着，再来看看情况 B。对方说只有 180 万的预算，后面还有更大的订单，但是你怎么确定这些信息的真实性呢？如果直接问对方"预算真的只有 180 万吗"，那就是在逼对方说一个你不想听的答案,也是在逼对方去一个他自己可能都不想去的墙角。

本书前文讲过,尽量不要问封闭性问题,而要多问开放性的问题,有哪些开放性的问题呢?比如:"我能了解一下咱们的预算是基于什么做出来的吗?""这180万的基本构成是什么样的呢?""未来订单的时间计划和采购规模是什么样的呢?"……如果对于这些预算的基本依据和未来订单的具体信息,对方说得很含糊,那就说明他心里对于你的成本结构并没有清晰的了解,对于未来的采购也没有具体的计划,这可以帮助你更明确地判断局势。

如果对方跟你开始透露了一些信息,那你一定要抓住其中的关键点。比如,对方跟你说,他的180万预算是由150万的设备费用、20万的系统费用和10万的配套费用构成。这时你千万不要纠结于"150万的设备费用根本不够"或"自己的价格结构不是这样"。你应该抓取到的信息是,对方有意愿付20万的系统费用和10万的配套费用,这对你来说是纯利。有没有可能按照对方的这个预算结构去构建你的价格模型,从而既能满足对方的需求,又能给自己留下更大的利润空间呢?然后,你可以接着挖掘,对方为什么需要30个这么高测量精度的摄像头?是不是可以采取不同的解决方案,根据需求场景灵活配置?

总之，不要对方稍微施加压力，你就只是一味地检查自己还有多大的空间。比如，你算了一笔账，按"八五折"的授权来算，你的底线是211.65万。然后，你就开始慢慢降价，寄希望于能在突破自己的底线前和对方达成折中方案。在谈判桌上，我们需要通过刻意练习形成几种条件反射，以此应对对方施压：

·不为所动。不要让对方看到你的慌乱，对方说什么都表示认可，不去争辩，不去解释，这其实是给对方卸力。对方一顿重拳打过来发现完全没有起到预想的效果，他自己心里会开始犯嘀咕，是不是打错了？你的反应越大，反而越让他确认自己的行为奏效。

·主动提问。对方施加完压力，你也要给他压力，尝试用你的问题控场。对问题，人都会有响应机制，这是条件反射。就算对方嘴上不说，他也会用一些肢体动作或表情去回应你的问题。不要丢掉了提问的权力，用好的问题来为自己开道。注意不要问那些有挑战性的问题，这样容易把你自己的路堵死。

·闭上嘴巴。我经常会发现很多人问完一个很好的问题之后，没等对方回应，又开始接连问其他的问题，或者更可怕的是，可能是自我回应或者解读自己的问题，导致错失了听对方回应的机会。对方也在你自问自答后减轻了许多压力。记得，问完问题后还说话，那就是在打断自己，为谈判对手解围。

测试 5：探测式让步

你还是 H 公司的销售人员，背景情况都跟上面一样，现在甲方一口咬定，他就是只有 180 万的预算，你的产品还需要满足上面的 7 种诉求，缺一不可，你该怎么办呢？

A. 寸步不让，告诉对方自己真的没有任何空间了。

B. 直接告诉对方你的底价是 211.65 万，然后心里盘算如果还是不行的话我再找领导申请额外折扣。

C. 先让 19 万，做到 230 万，看看对方的反应再做打算。

选项 A 是一种赌博行为，不是谈判。我相信，没有几个销售人员真敢这么干的，除非你的行业还处于卖方市场。

选项 B 可谓一退到底，这也是不可取的。你期望干脆一些，然而，对方看到你这么容易就做出巨大让步后，其第一反应就是认为你还有很大空间，然后变本加厉继续施压。就算最后在你的底线上成交，对方也不会爽，因为胃口被吊起来之后没有吃到东西。

我相信现实中很多人会选 C：我先让一点儿，你也让一让，不行我们再各退一步，最后取个折中方案。然而，谈判究竟是在干什么，撒钱比赛吗？看看谁是真"土豪"？企业在研发和生产阶段一点点地扣成本，可能好不容易才省下几万块钱，在谈判桌上一下就撒出去了19万！因此我也不喜欢选项C。

问题的关键在哪里呢？ 我一直强调大家要学会升维思考，强调通过引入表外条款，从而在更高维度的空间解决当下的冲突。上面的几种反应完全是硬生生地把高维空间的问题投射到了低维空间，把各种维度的冲突简化和强化在了价格冲突上。

那么应该怎么办呢？首先，你可以审视一下甲方所提的7项诉求，对他来说，哪项诉求最重要呢？其优先级排序是怎样的？对于这一点，你都不知道，更可怕的是，你什么也没有问。你可能会说，就算问到这些，对方也可能说这些对他同样重要。然而，这只是你的假设而已，问题不怕多，多问可能会有惊喜，何况就算对方说都重要，还有其他的办法来试探。怎么试探呢？用你的让步来试探。

让我们一起来列一个表，用每一个让步和对方需要降低的标准匹配起来，然后用这种方式去测试其各项标准的刚性程度。注意，你的这些让步别像打机关枪一样一下全打出来，你要"点射"，每出一张牌都要注意观察对方的反应和回应。

表 6-2　用让步测试对方的诉求排序

精度要求如果只用达到 ±0.3℃	单价可以少 1.78 万，总价低 53.4 万
并发处理数如果只需要 10 个	单价可以少 0.13 万，总价低 3.9 万
人脸识别功能如果不需要	总价可以降 6.8 万
异常报警功能如果不需要	总价可以降低 2.5 万
能预付 50% 货款，且接受 6 周到货	总价可以降低 7.47 万（3%）

对于有的标准，对方宁愿不要你的让步，也要求必须满足，这些通常都是对方优先要求保证的东西。如果对方开始将注意力聚焦到你的让步上，那么这些标准就很有可能是对方的"伪诉求"。了解到对方的优先级后，也不要利用这点占对方的便宜，除非你跟对方就打这一次照面。你应该做的是，尝试设身处地地帮他考虑，以求能解决他所面对的问题。比如，你可以表示，你们公司其实有很好的设计经验，如果让你们公司帮他设计整个方案，那么有可能会在尽量节省预算的情况下达到更好的效果。这样他可能并不需要 30 套设备，或者有些点位不需要用这么高的配置。总之，就是要展现出你帮助对方解决问题的诚意，而且用具体和专业的建议呈现出来，化解对方的防御心。

如果按照上述的办法做了，那么最终有可能形成的方案是：M 公司一共向 H 公司采购 23 套设备，其中 15 套高精度测温设备，7 套普通测温设备，总价 221.22 万元，详见表 5-3：

表 6-3 最终形成的全新方案

项目	单价	折扣	数量	小记
高精度测温摄像头	7.64 万/套	8%	15 套	114.6 万
普通测温摄像头	6.19 万/套	5%	8 套	49.52 万
远程监控系统	27.6 万	8%	1	27.6 万
各种配套辅料	19.5 万	2.5%	1	19.5 万
设计咨询费用	10 万	0	1	10 万
总计				221.22 万

M 公司在预算之内获得了经过 H 公司专业设计的方案，达成了自己的目标，H 公司做出了近 30 万的让步，换到了一个比最初方案利润率更高的合同，而且通过前期的咨询设计赢得了甲方的信任，从而降低了在执行过程中的潜在风险。

不要觉得，这种听起来很理想的解决方案根本是天方夜谭，其实类似的情况在真实的商业场景中经常出现。关键还在于你有没有足够的好奇心去了解对方真实的需求并尝试影响游戏规则。不要对方告诉你什么，你就立马被框定在他给出的限制条件内。尝试开动脑筋发挥创意，引入更多的变量去解决问题，但是要注意，引入的变量一定是自己可控的，不然整个游戏就会有失控的风险。

让步的时候一定不要只是退，尝试看看手里的牌，就像解方程一样，调整一下其中的各个变量。有退有进，探索对方的优先级和

灵活性，寻找交换的机会，并尝试通过交换为自己和对方带来额外价值，利用谈判这个机会，对商业价值进行重塑。

这里面还有一个小的事项，如果你仔细研究我给出的方案，会发现，我所给出的让步全部都是有零有整的，折扣也都不是统一的。千万不要为了好看或省事，去做四舍五入或抹零的动作。对方肯定不会觉得你大方或因此感激你的，相反他可能觉得这是一个随便拍出来的数，再挤挤应该还有水分。"有零有整"才会让人认为这是经过精密计算的，让对方觉得更靠谱。

技巧29：有零有整。给出的方案和让步最好是有零有整的，这会让人觉得你是经过了认真计算后才给出的让步，同时也给对方一个心里暗示，你没有太多空间了。如果随后对方要求你"抹掉零头"，你也还有一个空间，让双方比较好下台。

如果你是甲方，你又该如何通过让步为自己争取更多的利益，利用谈判重塑商业价值呢？这里给大家留一个思考题，我会在我的个人公众号"谈判砖家"上和大家探讨。

在冲突的情境下，人的智商真的会变低。这个时候各方的防御心都特别重。对方要的东西一定是对他最重要的东西。这时其实是做不等价交换的关键时刻，但人们的防备心理却不断提醒自己,千万不能把这个东西给他。这就好比有人来抢我们手上的东西时,我们会下意识攥得更紧。

在谈判桌上我们需要克服这种心态,因为你不答应对方其实也抢不走。你不妨问问他为什么要这个东西,尝试透彻理解其背后的深层次原因。这个时候,你其实也为自己争取到了更多的时间,以便评估这个东西对对方的价值。如果要用这个东西作为交换的筹码,自身的成本又是什么呢?

从另一边看就是,对方有时白送来的东西,只要是不符合我们的既定目标,我们的习惯反应是,全都不要,反而去死磕那些对方不给我们的东西。然而,我的建议是,不管对方给你什么东西,照单全收。为什么要收下自己并不需要的东西呢?这和我们的目标不是相悖吗?这里所说的"收下"只是临时收下,收下之后要研究,这些东西对对方意味着多大的成本。然后,你可以从成本的角度和对方交换,用你不需要的东西换你需要的东西,注意这里的交换就需要是等价交换了,因为对方对于成本是非常敏感的。

技巧 30:空手套白狼。不管对方给你什么,甚至有可能是你根本不需要的东西,都先收下来,然后回头再找到合适的时机换一个对你有价值的东西。如果你能从对方的角度考虑交换物对他而言的成本,你就更有可能换得到和换得好。

我们再来看一个例子。在一个服务交付的项目上，N 公司之前迫于客户压力答应，按合同金额的 30% 作为罚则上限，并注明这是一次性条款。然而，没想到这之后每个新项目谈判，客户都会强烈要求加入该条款。其实，从客户的角度来看，这并不难理解：你既然之前答应了，为什么之后不能答应？

这个项目的负责人过来找我，咨询该如何应对。我问他这是一个非常重要的合同吗？项目负责人告诉我，项目其实不大，只有几十万美元。我又问他，在以后的协议中去掉"30% 的罚则"这个条款和当下这个项目哪个更重要？他跟我说当然是去掉"30% 的罚则"更加重要，他们其他的合同动辄上千万美元。我让他去和公司研究能不能承受损失，退出这个项目并按合同约定赔偿客户。他们商量后决定去找客户交底：如果以后的合同都要求 30% 的罚则，那么他们只能承受退出这个项目的损失。

客户明白已经突破了他们的底线，并让他们非常为难，便答应以后不再拿"30% 的罚则"说事。当然最后也没有让他们退出和补偿这个项目，"30% 的罚则"只是作为本次协议的一次性条款执行。

不过，这其实也是非常有风险的一步。一般来说，我还是建议不要把自己逼到这种不利的局面中。怎么才能做到呢？那就是不要随便在之前没有出现过的条款或范围上让步，这样会制造先例,让对方产生额外的期望,可能给自己和对方都制造不必要的麻烦。

> **技巧 31:不开先河。比让步更贵的是第一次让步!这会制造先例,先例就会成为惯例,这一次的下限就是下一次的上限。如果要让步的话,尽量让一些之前出现过的东西吧。**

世界上很多地方都有遵循先例的原则。在英美法系的国家,判例是司法的基础,即以前判决中的法律原则对以后出现的同类案件有约束力。在商业协议上往往也存在一个基准,以后签署的合约和协议往往会遵循之前的框架和条例。

苏格兰坊的谈判课程可能是市面上最贵的,一次课程的费用大概和一辆奔驰 C 级轿车相当。之所以这样定价,很重要的一个原因就是,根据我们持续 25 年的统计,在 3 个月内,我们的每次课程能给客户带来的平均收益至少可以买一辆入门款的法拉利。有一次,某客户找到我,他们对我们的谈判赋能和咨询项目表示了浓厚兴趣,希望可以引入,不过他觉得我们的价格太贵了,希望可以打折。然而,在价格上,苏格兰坊是没有任何的灵活性的。接到我的回复之后,对方的采购人员非常不开心,说从来没有见到过一口价的供应商,气氛顿时有些僵硬。这时候,我就采用了以上的方法。一方面告诉对方，我们在价格上确实没有灵活性，在苏格兰坊半个世纪的历史上都没有打折的先例；另一方面，我告诉对方，其实我手里有灵活性的地方是可以跟他讨论交付的时间、顾问的选择及交付的内容（包括课前的访谈和课后的辅导），甚至是可以邀请采购人员来参加我们的公开课，体验我们的课程。随后，我们便在这些条款上展开了探讨，避免了僵局的产生。

> 技巧32：因势利导。当对方在你的禁区（即你没有灵活度的区域）施压和纠缠时，与其跟对方僵持不下，不如直接告诉对方你在哪里有灵活性，你也愿意就这些问题展开探讨。关上一扇门的同时也打开一扇窗，你要对对方的诉求进行疏导而不只是阻挡。

测试6：收敛式成交

经过"九九八十一难"，我们终于要到达雷音寺了，但能不能取到真经还要经过最后一道门槛。该如何判断谈判进入了成交阶段呢？很多时候你给出的方案其实已经进入了对方的心理成交区间，可是对方还不想太快结束谈判，但对你来说，在谈判桌上每多坐一分钟就有可能需要做出更多的让步，或出现新的变数。尽早捕捉到成交机会就可以尽快锁定交易，避免夜长梦多。

对当下的交易已经比较满意时，如果没有太紧迫的时间压力，人们总想看看能不能从不同方面去优化当前的协议，这是人之常情。**当对方开始沉默，犹豫，提一些无关痛痒的要求，或问一些细碎的问题，你就要保持警觉，有可能是当下的方案已经进入对方的成交区间了。**

你是一家大型机械设备厂的北方区销售总监，你手下的销售经理说山东有个项目有机会落单，希望你过去助他一臂之力。你当天下午就直奔济南，下高铁后直接带着行李到饭店和甲方的领导一起吃饭。按山东规矩，酒过三巡之后，你们开始谈合同，对方表示他们现在经营压力很大，希望你们能在价格上有所让步，之前销售经理承诺的 5% 的优惠没有达到他们的期望。你问对方的期望是多少，对方说如果要达到集团要求，还要再降 5%。然后对方端起酒杯，用充满期待的眼神看着你。你手上的权限实际是 10%，对方再要 5% 完全在你的权限之内。于是，你二话没说一口就答应了："5% 没问题，这单我帮你了，以后还要多给我们生意啊！"对方团队随即一起站起来给你敬酒，并交口称赞："孙总真是爽快人！"

你完全有权限通过再降价 5% 拿到这个单子，同时你希望给对方一种豪爽的感觉,以此为日后的合作打下良好的基础。然而,过于豪爽地满足对方有时反而会让对方觉得,你还有更大空间。表面上,虽然他们夸你是个爽快人,心底其实在想"买的还是没有卖的精,可能又让你占了不少便宜"。同时,这还让你的销售经理很尴尬,他会丧失在客户那里的权威性。你也在日后为自己制造了不少的麻烦,以后只要对方有诉求,都有可能绕过销售经理直接找你。

应该怎么处理呢?建议你永远不要在第一时间直接回应对方的诉求,你可以告诉对方,自己一定把这件事放在心上,回去以后你会帮助销售经理一起向公司申请。事后,你可以先降2%,并通过销售经理告诉客户。如果客户还不依不饶,那就再降0.5%。注意,我讲到的几个关键点:

- 不要第一时间做出回应,延迟满足。
- 不要"等步长"让步,第一次降5%,第二次还可以降2%,第三次只有0.5%。让步要逐渐收敛,这样才能让对方觉得你已经没有太多空间了。
- 让直接负责人做出回应,不要拆除缓冲地带,除非你想以后一直拆除。
- 不要让对方觉得你可以完全决策,告诉对方你需要向内部争取。很多老板谈生意时会故意印一个销售总监或副总经理的名片，就是这个原因。就算对方知道你就是CEO，你也可以说要向董事会申请。让步是世界上贬值最快的事情，人对来之不易的东西才会比较珍惜。

测试7：高质量协议

临近成交时客户问你："最后给我打个折吧，我好在内部赶紧推进这个事情。"你该怎么回应：

A. 没问题，我再给你降3%，拜托一定要帮我在内部推进啊！
B. 不好意思，我们不打折，还请您尽快推进内部流程。
C. 我们一般是不打折的，能不能这样，如果您能帮我申请到20%的合同预付款，我回去也好帮您争取折扣的事情。

前面已经讲到过，千万不要说没问题，没问题就是最大的问题。在接近成交的时候需要特别注意，不要再做大幅的让步了，不要再释放无谓的善意。你想赶紧通过让步来达成交易，但对方却不是这么想的。想想看,如果对方很爽快答应了你的一个小要求,那么你是不是会立马来了精神,"咦,让我来看看最后还有什么彩蛋"。

人性中有个很让人失望的缺陷,善意换来的经常不是感激,而是贪婪。就算某客户平时总是一副温文尔雅、谦卑可爱的模样,然而,一旦在谈判桌上你为了达成交易而释放无条件的善意时,对方常常也会立马开始变得得寸进尺了。当我们播放谈判现场的录像时,双方都不相信也无法理解对方和自己的反应。"天啊,你怎么是这样的人""不可能,这不是我"……可现实就是这么震撼。你无谓的善意激发了对方的无意识行为,他甚至都没有想到要跟你说一句感谢。如果让我来评价,我会说,是你的毫无条件的妥协把对方变成了贪婪的狼。面对天上掉下来的馅饼,人都会无意识地抬头张望,并产生期待:还有更多吗?

面对对方最后提出的需求,还可以继续尝试和对方"打太极",但不要陷入无限循环,你可以在这个时候尝试把最后的让步和达成协议绑定在一起。你甚至可以直接说"如果没有别的条件的话,我可以尝试就最后这项条款向公司争取""如果我们今天就可以签合同的话,我可以答应你这个条件"……尽量尝试去捆绑,避免对方在你的让步上顺藤摸瓜。

有时你的方案已经让对方比较满意了,但他还想再等等。他可以躺在你的方案上"骑驴找马",但你有时间压力,需要尽快成交。这时你可以把你的时间压力直接传递过去:"年底公司在业绩冲刺,因此现在的价格是我们利用特殊折扣才拿到的,价格有效期只到12月31日。"制造紧迫感和稀缺感,促进对方下单。"双十一"商家的限时折扣,利用的就是这种心理。当然,这些都不属于谈判范畴了,因此我就不在这里展开探讨了。

还需要注意的一点是,当你是有权力拍板的一方时,在最后时刻千万不要过于贪婪。我们不是"富贵险中求"的土匪,没必要榨干对方最后一滴血,"做人留一线,日后好相见"。切记!谈判的终极目标是要达成一个各方都认可并有意愿执行的方案,因此还是尽量要和气生财,不要给未来的自己挖坑。可以想一想这个问题,你是想拿到一个现在看起来90分,但只能执行60%的协议,还是想拿到一个现在看起来80分,但能执行和达成90%的协议?

把谈判最后的时间用在澄清条款和核对信息上,在这里多下功夫,后面遇到的麻烦就少一些。在我经历的各种交易中,签协议从来就不是谈判的结束。我们可能都秉持良好的意愿达成了协议,但在执行的过程中仍不免会出现各种问题。双方不得不重回谈判桌,开始就新情况进行回谈(重新谈判)。越磋商和谈判得越充分,澄清和核对得越仔细,在后期遇到的问题就越少。在该步骤上花的每一分钟的时间其实都是值得的。

小结一下，在最后的成交阶段，当大框架、让步、条件、置换以及各方的目标都已经基本达成时，你要尽量求稳，让大家平安着陆。对于成交阶段，我有几个小建议：

- 捕捉成交机会，尝试尽早锁定成果。
- 不要释放无谓的善意，用交换换交易。
- 不要再有额外的大幅让步，逐步收敛。
- 不要穷追猛打，避免贪婪导致的翻车。
- 规避日后出现的执行风险，仔细核对。

案例复盘：2019 年医保谈判

2019 年 11 月 28 日，国家医保药品目录正式公布，有 70 种新药品通过谈判加入了医保报销的行列中，其价格平均下降了 60.7%。当时的朋友圈也被其中一场"灵魂谈判"刷了屏，一粒 10mg 药片，其价格从 5.62 元砍到 4.36 元，被砍到了全球最低价。

我们当然为国民能享受到更实惠的医保价格感到开心，然而从整个谈判过程看，还是有很多值得推敲的地方，下面我们来一起逐帧解读。

开局：施加压力

在谈判刚开始时，医保局相关工作人员就开诚布公地宣布："报价有两次，如果两次达不到我们的心理价位，或超过医保支付标准的15%，那就自己出局。"

相信经常在谈判桌上的甲乙双方都对这个桥段非常熟悉。甲方经常利用这样的开场向乙方施加压力。然而，我们可以仔细琢磨这句话是什么意思。

其实这句话背后隐藏的意思是：买方并没有明确的心理价位。如果有，他一定会直接给出目标价格，而不是采用这种含糊其词的说法，这么说的原因只是甲方不知道从何处开价，想通过施压让乙方主动降价。注意甲方的措辞是：超过我们的心理价位或者超过医保支付标准的15%，这其实就是一个典型的给区间的做法。这种区间暗示了自身的不确定性，显然医保部门希望给谈判留一定空间。医保部门实际给了制药公司代表5轮报价机会。

在巨大的压力之下，乙方的代表可能很难能听出甲方言语间所流露出的信号和灵活性。因此，我建议，可以参考同声传译的做法，在重要的谈判中配置一个待在附近的"耳朵"。这个人完全不用说话,他的工作就是专门帮你分析对方言语。如果是非常重大的谈判,我建议你可以寻求专业人员的帮助。**要知道,在谈判桌上赚的每一分钱,都是净利润。**

中局:讨价还价

接着,再看看中间的几轮报价过程。经过医保部门几轮砍价后,制药公司的报价从初始的 5.62 元先降到 4.72 元,然后到 4.62 元,再到 4.5 元,最后一轮则报出了 4.4 元的全球最低价。很多网友事后表示,整个谈判很像菜市场上的砍价过程。其实很多大型谈判和菜市场上的讨价还价并没有太大差别,但这也正是问题的所在。让我们从整个降价过程来看下,你有没有发现什么问题?

表 6-4 降价过程

	报价	降价幅度(绝对值)	降价幅度(相对值)
第一轮	5.62 元	—	—
第二轮	4.72 元	0.90	16%
第三轮	4.62 元	0.10	1.8%
第四轮	4.5 元	0.12	2.1%
第五轮	4.4 元	0.10	1.8%

首先,**第二轮报价的降幅太大**。其实,销售方完全可以采用

更保守的降价策略。要知道,在第一轮不管给出什么报价,对方都会说没有进入其心理价位或已超出了医保支付标准的15%。

其次,第四轮报价的降幅居然比第三轮的降幅还要高?这明显是没有提前做好准备,这样的降价节奏只会让对方觉得你还有更多的空间,正确的姿势应该是**逐渐收敛**,比如第一次降0.25元,第二次降0.07元,第三次降0.03元……让对方感觉你已经没有什么空间了。

> 技巧33:逐步收敛。在让步时,要掌握好节奏,步子越来越小,难度越来越大,这样也是在给对方传递一个信号,我已经在逼近我的底线了。不要等幅度地让步,比如每次都让5%,这样容易给对方造成一种错觉,你后面还有很多个5%的空间。

现在回头看看本书第五章医药公司和它的原材料供应商的谈判,其实存在一样的问题,让步的时候没有节奏感。要想控制好你的让步节奏,最好的办法是提前计划好你的让步节奏。

制药公司的谈判代表在报价之后,边上的其他谈判人员加了一句话外音:"这个价格已经比韩国还要低了。"我理解她是想以此证明这已经是很好的价格了,但是这句话其实非常危险。医保部门的工作人员立马抓住了这个机会:"韩国多少人口,中国有多少？"本来已经接近成交了，再多说了一句话之后，对方又找到了漏洞。于是，制药公司的代表只好继续降价。

谈判中，在给出方案后，不要给任何解释和理由，你要从对方的角度想一下，他为什么会接受你的方案，不是因为你的理由充足，而是因为他算过账。你的理由不会为你带来任何优势，只会为对方带来攻击你的机会，要将对方的精力聚焦在你的方案上，而不是聚焦在你的理由上。

当然，制药公司的谈判代表的表现也并非一无是处，他们也在利用休会去寻找"更高权威"的批复。当然很有可能这个"更高权威"只是一个说辞，4.36元的最终价格其实没有超过谈判代表所获得的授权范围。

终局：达成协议

"这是全球最低价了吗？""是的。"这个对话看起来没有什么问题，然而，"全球最低价"也可能只是制药公司的一种说辞，并没有任何依据。另外，就算它是当下的全球最低价，但市场是变化的，明年还是吗？医保部门可以采取的策略是：

- 锁定全球最低价，要求制药公司签署价格承诺，比如，如果未来3年内有更低的全球最低价，则目录价自动向其对齐。

・可以给制药公司一个选择,如果不能签署价格承诺,则要求每年就价格进行回谈。

・要求签订价格腐蚀(price erosion)条款。制药公司的成本主要是研发成本,随着药品投入市场的时间越来越长,其边际成本会越来越低,因此可以要求其每年有一定幅度的降价,比如5%。

最后,医保部门的工作人员表示"希望你们继续生产好药"。这句话表达了日后合作的良好期望,但如果想有所保障的话,那不妨签订抽检条款及罚则。一旦制药公司出现任何质量问题时,医保部门都有权退出这份合同,从而规避风险。

其实纵观全场,谈判双方都存在一些很有代表性的问题。从甲方的角度来看,他们不敢直接开价,只能在对方报价的时候施加压力。然而,其实不妨想一想,虽然在这里甲方是决策方,乙方看似节节败退,但是乙方却是这场谈判的主动方,因为所有的价格都是乙方出的。"向CEO申请""全球最低价"……这些是甲方无法印证的说辞,乙方一直牢牢把握着这场谈判的方向盘。因此即便不知道对方的底线,也不要用让对方报价的方式去试探对方的底线,因为你试探不出来,而且还会一直跟着对方的节奏走。不如直接给出你的目标价格,比如3.98元,让对方去跟公司申请。即便对方报出5.62元的价格后,你也要通过主动开价的方式将价格锚定在 3.98 元上。如果你跟对方围绕 5.62 元进行争执，其实就已经掉进对方的节奏中了。

从乙方的角度来看，他们在一味妥协退让。乙方可以以阶梯价格或返券的方式进行"价量绑定"，用低价锁定高量。他们还可以以"赠送价值 500 万元药品"的方式代替"直接降价"，这样不仅可以从成本上获得好处（价值 500 万元的药品的成本远不是 500 万元），还可以达到市场宣传的效果。最后的妥协也是没有任何条件，如果 4.36 元真的是全球最低价，可以想象一下其他的客户在看到这个价格之后会有何感想，制药公司完全可以要求和医保局签订一个价格保密承诺（NDA），以确保这样的"全球最低价"不会对外流出。

希望通过本章节的案例和复盘，大家能找到一些谈判的感觉。其实复盘本身也是一个在谈判时经常需要用的技巧，主要包括以下几个方面：

·针对达成的协议：强烈建议大家在喝庆功酒，或把合同交给法务部审批之前，先坐下来好好研究一下所达成的协议。思考一下，你是否觉得已经竭尽全力？对方是否乐于付诸实践？其中还有什么模糊地带？还有什么优化空间？日后出了问题该如何收场？千万不要怕再次回到谈判桌上，一个没有经过充分谈判的协议，会给你带来更多的不方便。

- 针对谈判的过程：这是我们最容易忽略的一部分。在谈判中，有没有被遗漏的信息、信号及机会点？对方为什么会说那些话？又为什么拒绝你的提案？他们背后的真实动机是什么？如果当时你抓住这些信息和机会，并采取恰当的行动，谈判的结果会不会因而不同？

- 针对自身的表现：这是最难的一部分。如果我在谈判中的表现有所不同，比如采取不同的方式或态度，会对谈判的结果产生什么样的影响呢？真正做到完全的客观对谁都不容易，这要求人们要打碎自己的防御心和玻璃心。我们必须对自己坦诚，敢于承认自己所犯的错误，只有这样我们才有机会发现自己的不足，进而做出改正和改善。

- 在征得对方允许的情况下，你可以采取一些技术手段对谈判进行复盘。如果不行，你也可以采用翻看会议记录的方式。你还可以直接邀请同事观摩谈判，并从旁观者的角度提出意见。当然，如果你经常孤军奋战，我常用的方法是通过冥想，以虚拟的第三视角的方式去观察当时自己与对方的情绪和反应，如果你遇到关键和重大的谈判需要专业的教练和复盘，也可以通过本书后的联系方式咨询我们。

》》》敲黑板：

1. 知识和技能完全是两件事情，只有长时间的刻意训练，才能将前者转化为后者。

2. 犯错，反思，总结，只有能勇敢地面对自己的错误，我们才能带着满身的弹孔、迈着坚实的步伐一路向前。

3. 提诉求时一定不要含糊其词，或者是遮遮掩掩，如果你对自己的要求都不严肃，怎么能希望对方认真考虑你的诉求呢？

4. 你的方案被人拒绝其实也是一件好事，证明你起码没有出价太高，接下来双方可以围绕你的方案进行协商。

5. 在给出方案后，不要给任何解释和理由。对方接受你的方案，不是因为你的理由充足，而是因为他算过账。

6. 没有问题就是最大的问题！就算你对对方的方案已经非常满意了，但你的爽快可能会引起对方的不爽，反而产生被你占了便宜的感觉。

7. 大家要学会升维思考，在高维空间解决低维空间的问题，而不是硬生生把高维空间的问题投射到了低维空间上去解决，只围绕价格缠斗。

8. 引入更多的变量去解决问题，但要注意的是，这些变量必须是你可以控制的。这样才不会让整个游戏失控。

9. 让步的时候一定不要只是退。有退有进才能探索出对方的优先级和灵活性，进而挖掘交换的机会。

10. 给对方他要的东西，接受对方愿给你的东西。更重要的是，拿出你的表外条款进行对价，用对价去试探和交易。

11. 如果对方开始沉默，犹豫，提无关痛痒的要求，或问一些细碎的问题，那么有可能是当下的方案已经进入对方的成交区间了。

12. 面对对方最后提出的需求，可以继续尝试和对方打太极，避免在最后阶段再做单方面和无谓的让步，防止对方继续顺藤摸瓜。

13. 不管是在开场、开价、回价、让步、成交还是僵局阶段，都可以主动提出你的方案，争取抓取主动权和对谈判的控制权。

第七章

情绪

首先，恭喜你！你已经学习了谈判的基本知识和技巧。不过，这并不代表你在实战当中就可以拿到想要的东西，因为还有一个关键的症结没有解决。现在先暂时放下手上的香槟，回想一下之前很多次失败的对话，尤其是在关键场合所犯的错误和留下的遗憾。究竟还有什么关键问题是我们没有突破的呢？

就是情绪问题！所有人都不是机器，我们并不能精准地预料谈判对手的反应，不能保证自己一直处于绝对理性的状态。很多时候，人们的反应和当下所面对的问题并没有任何联系。比如，在路上时，你边上的车打灯要并线进来，而当时你可能正好拿到心仪已久的工作机会，或刚刚在家里跟老婆吵完架，因此，这辆车能不能并线成功很大程度上取决于你的状态。说起来可能有些让人失望，有时我们做了很好的规划和筹备，设计了完美的方案，但这一切最终能不能被对方接受的关键，居然是对方的心情。

虽然双方代表各自的公司和组织进行谈判，但谈判桌上的每一个个体都是活生生的人，是人就会有情绪，对方会有情绪，你也会有情绪，我们都会受情绪的左右，最终的决定和结果也都会受到做决定的个体的情绪左右。相对于前面所说的理性思考，情绪管理其实是一个非常复杂且具有很大不确定性的问题。我们又该如何控制自己的情绪，以及如何管理对方的情绪呢？

其实，经常会有学员来找我咨询情绪管理方面的问题。对于此类朋友，首先我都想给他们一个大大的拥抱，因为我也曾被这个问题深深困扰；接着我还要恭喜他们，因为他们已经意识到了自己的问题，这也是做出改变的第一步。在谈判中，我们需要和对方建立两个层面的沟通，一个是信息层面的沟通，一个是情绪层面的沟通，两个层面都同样重要。

管理期望：尽量把丑话说在前头

在谈判时，我们其实处于一种非常即兴的场景，可能我们原本就带有情绪，也可能是因为"话赶话"，所以情绪就突然不受控地跑了出来。其实，我们都有过这样的经历，在任何沟通中，如果自己被情绪控制，或者被对方的情绪带跑，那都将是一件非常糟糕的事情。可是，怎么才能控制自己的情绪，不做让自己懊恼不已的事情呢？要解决这个问题，首先要弄清楚一个前提：情绪从哪里来？

情绪其实和人们的期望有关。别人为什么会有情绪，一个人想理解和体会这一点是非常困难的事情。显然，并不是多念几遍"同理心""共情能力"这样的词，我们就能强化自己感同身受的能力。不过，每个人都可以自我审视一下，自己上次发火的导火索是什么？是因为对方做了什么样的事情吗？"这事不应该这样的""本来应该如何""我都已经这样了你为什么不领情""原本这是没有问题的"，当时你的脑子中是否有这样的想法……这些是什么呢？其实就是我们的期望。当现实和人们的期望不匹配时，情绪就产生了。如果现实比期望好，我们就会产生好的情绪；如果现实比期望差，我们就会产生不好的情绪；如果现实和期望差不多，我们就会没什么情绪。

期望可以很完美，但现实往往都不尽如人意。如果都按"本应该"来说，这个世界本应该没有战争，我们本应该可以做好垃圾分类，社会本应该是完全平等的，所有人本应该都是正直完美的，我们在谈判时本应该没有情绪的……当说出这些话的时候，我们就会明白这些"本应该"其实都是自己的良好愿望，而且有点儿不切实际。为什么要让不切实际的期望影响我们的情绪呢？

对自己和这个世界，最好不要太苛刻。应该承认自己的不完美，承认这个世界的不完美，承认别人的不完美，不要再用"本应该"去要求对方的行为和反应。这样我们可以在轻松一点儿的环境下展开对话，并建立沟通。直面大家的问题，直面我们的弱点和冲突，求同存异，找到大家共同可以接受的解决方案。

技巧 34：降低预期。情绪管理其实就是期望管理。人们是很难直接对情绪采取措施的，但对于期望就完全不同了。同理，管理对方的情绪其实就是管理对方的期望。在谈判桌上，我们只需要想清楚一件事情——我这样做会对对方的期望产生什么样的影响？

让我再来问大家一个问题：在谈判开始时，是应该拉高对方的期望还是降低对方的期望？

支持"拉高期望"的朋友们可以想一个问题：如果在后面的谈判过程中你没法满足自己给对方设定的期望，这时候该怎么办？随着你为谈判所营造的氛围越来越好，这种预期也会越来越高，直到对方发现你没法满足他的那一刻，大家一起来一个断崖式的下跌，这样的心情是非常难受的。我们不妨在一开始把期望拉低一些，这样往后每一步走得都会比较坚实，大家的心情也会随之逐步上台阶。在谈判的开始阶段把对方的期望压低，实际是在给后续谈判的双方行方便。

也不要在一开始就不经思考无条件答应对方提出的任何要求，即便这在你看来是很小的让步，但也会带偏对方的期望。另外，如果要撤回这些让步时，可能让对方觉得你是在"拉抽屉"，进而产生不好的情绪。

大家都听过这句俗话："要把丑话讲在前面。"当然，这并不是说在一开始时你要摆出多么狰狞的面目,我的意思是,不要在一开始把"饼画得过大、过圆"。这么做你只会把对方的胃口吊得更高,而最后当你无法满足对方的时候,他就会在心底产生这样的预设:"我本应该可以拿到更多的。"我的建议是,要直接指出大家当前所面临的问题。很多人可能担心这样会加剧冲突,因此开始时总是尽量迂回或以协作性的基调开场。协作性的基调本身并没有问题,只是我们不能对问题避而不谈,这里尤其要提醒一些具有冲突避免型人格的谈判者,不要规避问题,因为你躲不过去。

我们除了要管理自己的情绪,也要管理对方的情绪,也就是管理对方的期望。如果进入了谈判阶段,我建议在开场的时候,你要设法拉低对方的期望。怎么做到呢?可以参考以下几点:

· 不要在你的开场白里过分强调这个谈判对你的重要性,或者是对方对你的不可或缺性,你不知道你会面对一个什么样的对手。

· 概括当下的问题和挑战,展望谈判的方向和可能的结果。在有些场合,你可能还要告知对方,如果谈不成双方可能需要面对的情况。

· 设定谈判的主要议题,划定谈判的范畴,避免在一开始就给对方的印象特别松散。

就在写书的这些天，我突然失手把手机摔了，整个手机的外屏和内屏全碎了。我只好拿去维修，被告知要1499元。我感觉"心口被狠狠地咬了一口"，同时还后悔没买碎屏险，但是也没办法，只好放在售后维修。维修人员让我过两个小时去取。我开车转了一圈回来，维修人员又告诉我，我的镜头组件也震碎了，如果要更换还需要再花585元。我当时的心情非常沮丧，如果让我选，我宁愿维修人员一次性告诉我所有的坏消息，而不是在我花两个小时消化了碎屏这件事后再告诉我第二个坏消息（这件事的后续是，过了几天我又收到一条短信，在手机维修中心门口临时停车时违章了，又付出了200元的道路占用费和3分，你可以想象一下我的心情）。

我曾经说过，在让步时要小步慢跑，逐步释放你的让步，这样可以让自己获得多次的交易机会，也可以让对方获得多次的满足感。然而，在传递坏消息的时候，最好是一次性交底，这样对方其实更容易接受。**在谈判时，利好要逐步释放，利空要一次出尽，这样有助于帮助你管理对方的期望和情绪。**

如果你的性格让你很难在一开始就把问题都提出来，那我建议你不要把难搞的事情都压到谈判桌上来解决。不过，拥有冲突避免型人格的人却很喜欢这么干，平时的很多问题都压在心底，总想找一个合适的时机向对方提出,结果在谈判桌上刚开了个头就又开始躲避了。如果你是冲突避免型的性格,那么你最好能设定一个良好和定期的沟通计划,平时一旦遇到问题就随时和对方沟通,避免形成大问题,最后全烂在你的肚子里,有苦说不出。

利空需要一次出尽,说话尽量不要兜圈子。根据我们在全球范围内的调研,人们在谈判桌上最欣赏和喜欢的品质是坦诚,相应地,不坦诚也是令绝大多数人最反感的谈判风格。不过,有意思的是,如果我们扪心自问,又有多少人可以在谈判桌上做到开诚布公呢?

我理解,在中国的社会背景下,不可能像美国公司那样一边做着生意、一边打着官司。销售人员因为顾忌到客户关系,所以很难拉得下脸,而这时就需要公司有一个专门的商务团队,去干这些"脏活"。其实,在很多国际化公司都是这样设置的,销售团队负责签单和维护客户关系,商务团队负责谈判和维护合同质量。一个人分饰几角着实有些"拧巴",容易"人格分裂",到最后可能客户关系做不好,合同质量也无法提高。

作为中国最国际化的公司之一,华为也有这样的设置,即CC3铁三角,一个人负责客户关系,一个人负责方案设计,一个人负责交付履行。不过,虽然CC3是作战单元的最核心部分,但仍不是全部。除了CC3外,还包括CCFM、物流、财务、产品线、交付线等。由于 CC3 都是直面客户的,在跟客户的日常或商务接触中都有大量的正式或非正式谈判,因此华为还设置了另一个角色 CCFM,即合同商务及履行管理,有关正式谈判、商务承诺、合同文档、内部合规、合同质量等方面的内容都会由 CCFM 来把关。在很多地方,CC3 实际已经演变为 CC4,这主要是因为有质量的增长,需要有质量的合同。

其实华为很早就意识到了合同质量的重要性。2005 年,在与市场融资小组座谈时,任正非就提出:"要提高合同质量,压缩合同风险,逐步使我们从农民的广种薄收,转向有效益的扩张。公司将逐步加紧合同风险的评估与控制,逐步地提高合同质量。"

在 2008 年的 EMT(经营管理团队)会议上,任正非更是强化了商务谈判的重要性:"好的合同条款是实现高质量交付和盈利的基础,在合同谈判中要敢于坚持我们的原则立场,把好合同条款关,不能无原则的退让。"

近年来,华为又提出了合同场景师的概念。什么是合同场景师呢?在 2015 年合同场景师建设思路汇报会上,任正非说道:"华为公司有没有场景师?有。华为有光传输经理、无线经理、路由器经理、交付经理、客户经理、服务经理等,他们不是场景师。然而,如果能把这几种搞透,有综合能力了,那他就是场景师了。如果还能够理解所在国家的商法环境、交付环境、不同客户的交易条件、交易习惯等,就是高级场景师了。"

可以看出场景师有别于传统定义上的专家,他既要对专业领域有透彻的理解,还要对市场、法律、交易、交付等方面有足够的认知和知识储备。这个要求是非常之高的,也是华为找我们做商务谈判咨询和赋能的大背景。

抑制本能:要让谈判双方都有安全感

人和其他动物最大的区别是什么?从生物学的角度来看,人可以直立行走;从社会学的角度来看,人会使用工具;从语言学的角度来看,人有复杂的语言;从心理学的角度来看,人与动物的区别可能在于,人可以控制自己的反应。美国行为主义心理学奠基人华生提出了刺激—反应理论(Stimulate-Response Theory),图 7-1 就是根据他的理论所绘制的刺激—反应模型。如果外部刺激直接导致个体的反应,我们称为条件反射或应激反应,比如我们想到酸的东西就会分泌口水,狗听到摇铃就跑来吃饭,等等;如果受到外部刺激后还需要经过大脑的分析处理,然后个体才会给出反馈,这种反应被称为一般行为反馈或第二反应。

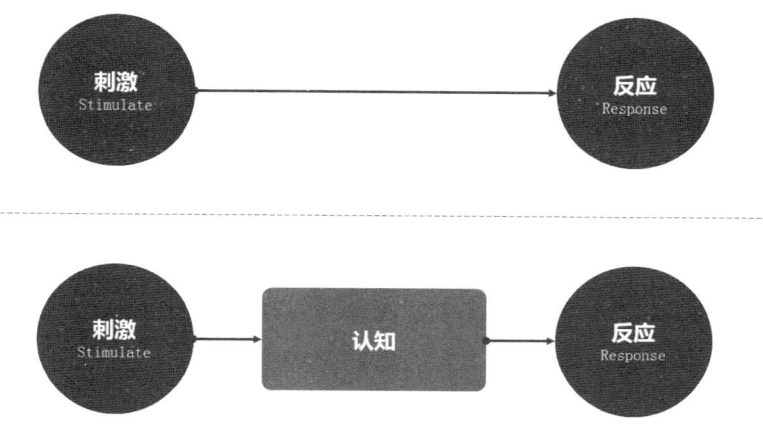

图 7-1 刺激—反应模型

人之所以能控制自己的反应是因为我们的意识和认知。《高效人士的七个习惯》里讲到的第一个习惯是"要主动",每个人首先拥有掌控自己行为的主动权。在刺激和反应之间,人们有选择的自由。该书还提到,通过控制和修正自己的自我认知、想象、道德心、自我意志,人们可以主动进行反应和行为控制。

很多关于情绪管理的指导书都建议,人们可以在情绪激动的时候默数几秒再说话,这其实就是要建立强行的第二反应,即所谓的"过过脑"。从我的实际经验和所接受的教训来看,真到那个时候人们是很难绷住的。对我来说,真正有效的还是把思想工作做在前面。

- 提前管理好自己的预期，调整好自己的认知，明确哪些是你的假设和想象，哪些是事实，哪些是计划。想一想，对方哪些反应是你预期之中的，他们是否会不按你的预期出牌，如果遇到这样的情况你该怎么办？

- 知易行难，真正做到知行合一很难，原因之一是我们不能客观地审视自己的行为。我建议大家在平时谈判时可以找一个同伴，做你的"照妖镜"，从旁观者的角度审视你的谈判行为，并提出改进意见。

- 要避免产生不必要的联想。有的时候人们会因为很小的事发火，其实并不是这件事本身有多严重，而是我们产生了其他的联想。"你为什么总是这样对我？"我们需要做的是把有可能引起自己不良情绪的事情当作孤立事件处理。

- 在感觉真的难以控制住自己的情绪时，不妨喊停，出去透口气，回想一下刚才发生了什么。如果有同伴的话，你也听听别人的意见，这有助于避免你钻在自己情绪的牛角尖里，同时也是给对方一些空间，让他们冷静下来。

- 复盘。在有条件的情况下，你可以把自己的谈判录下来，这样你就可以从旁观者的角度审视自己的行为。闭上眼睛，通过冥想将自己抽离出来，以全新的视角观察当时的气氛和自己的状态。

接着,通过自我对话的方式把新想法告诉被情绪控制的自己。

情绪其实来自人们的大脑。要想了解情绪,就必须要了解大脑的构成和功能。简单来说,人类大脑是由三部分构成的:爬行脑、感性脑、理性脑。

・爬行脑(Reptilian Brain),即生存脑,包括小脑和脑干,是大脑中最原始的部分,其起源可以追溯到上亿年前。爬行脑负责控制人类最基础的功能和活动,比如呼吸、心跳、平衡。在爬行脑控制下的人类和爬行动物没有什么区别,但是爬行脑又是大脑中运行最稳定的部分,即便在深度睡眠状态下也不会"关机"。爬行脑同时负责处理马斯洛需求层次中的最底层需求:生存需求和安全感。

・古哺乳脑(Paleomammalian Brain),即感性脑或情绪脑,包括脑垂体、海马体和下丘体等。情绪脑的起源可以追溯到5000万年前,它负责控制人们的感情、记忆和性亲密等。同时它还掌控人类的喜怒哀乐等情绪。人类的情绪脑爱憎分明,要么喜欢,要么厌恶,没有中间状态。情绪脑不是单独运行的,它和人类的理性脑联合发挥着作用,构成了一种竞合关系。

・新哺乳脑(Neomammalian Brain),即理性脑或思考脑,包括人类的左右脑和新皮层。理性脑跟随人类一起进化了约200万年,是大脑中最先进,同时也是资历最浅的那部分。理性脑负责我们的思考、认知和创新等。正是因为有了理性脑,我们才被称为人。三重脑理论(Triune brain)的提出人保罗·麦克里恩(Paul MacLean)更是将理性脑称为"发明创造之母,抽象思维之父"。所谓人性的光辉,主要靠理性脑的作用。

大脑中的这三兄弟也存在论资排辈的情况。爬行脑掌握着最高的控制权,然后是情绪脑,理性脑在控制权上只是特别胆小怕事的小弟弟。比如,如果有人突然一拳打过来,人们首先通过爬行脑调动肌肉进行生理上的防御,然后情绪脑会产生害怕或愤怒的情绪,最后理性脑才会探出头来看看究竟,并开始分析原因:"对方为什么要打我,我下一步该怎么做?"

当人们处于激烈的冲突和情绪中时,理性脑是很难推开自己的两个大哥去控制局面的。这时候,原始的生存需求和对安全感的追求完全占据了主导地位,情绪脑开始分泌肾上腺素,增强人们的应激反应的力度,同时还会阻断理性脑的反应。大脑之所以有这套响应机制,主要是为了保证在威胁和压力的环境下,人们能有更大的概率生存下来。显然,人们面临的威胁和压力都发生了巨大的变化,但这套响应机制并没有同步改变,这也是现在人们存在焦虑症、抑郁症等心理问题的原因。

理解了这套机制,你就知道了如何利用这套机制处理自己和对方的情绪问题。如果想让对方从激烈的情绪中冷静下来,仔细听你讲话,能理性地思考当下的问题和你提出的建议,首先要帮他建立足够的安全感。你要让他的爬行脑不断发出"安全,安全"这个信号;同时千万不要激活对方的情绪脑,比如不要攻击和争辩,这只会让对方产生防御和厌恶的情绪,进而切断理性思考;最后,提出具体的、需要思考甚至计算的方案,激活和调动对方的理性脑。

对自己也是一样,首先建立安全感,安全感其实来自你的底线、你的选择和你的退路。提前设置好你的底线,并且准备好切实可行的备选计划,这样在桌上你就处于一种心里有底的状态。当处于完全劣势、面对强大压力或遭遇突发情况时,你才不会因为求生欲和防御心被激活,从而导致心态崩塌。

对抗模式:将谈判引入歧途的四大陷阱

大家暂时可以先把自己的目标放下,也先别管什么谈判技巧,现在一起来思考一个更加本质的问题:"为什么别人要听你的?"

这其实也是有关领导力和影响力的一个根本问题。

约翰·麦斯威尔曾解析了领导力的五个层级,分别用五个 P 来代表,因此也被称为 5P 领导力模型[①](见图 7-2)。

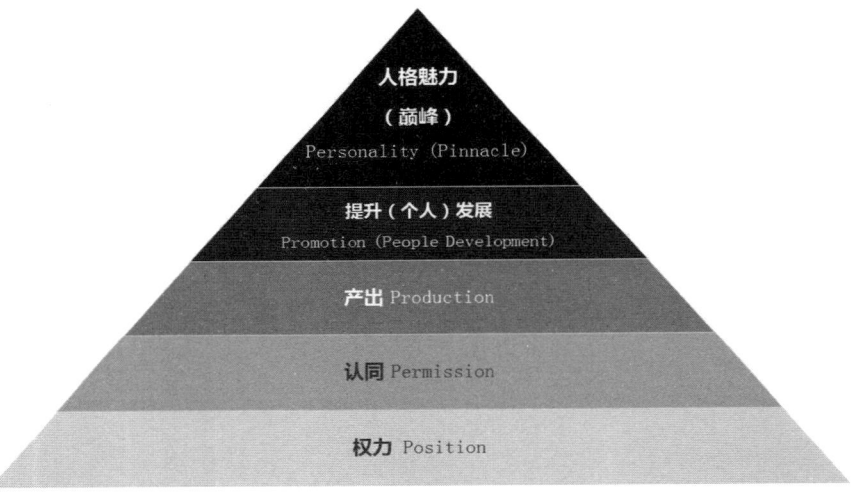

图 7-2 领导力的 5 个层次

- 权力(Position):人们追随你是因为他们没办法,非听不可。你可以利用你的位置所赋予的权力强推你的方案,对方就算有异

---

① 为了便于理解和记忆,我对原模型进行了一些修改,用提升(Promotion)替代了个人发展(People Development),用人格魅力(Personality)替代了巅峰(Pinnacle)。

议也只能顺从。这种顺从来得最简单直接，但也最脆弱，想想你会一直在这个位子上或者一直是拥有绝对权力的那方吗？

·认同（Permission）：人们追随你是因为他们认同你的为人、你的观点和做法，或者反过来说也有可能是因为你认同他，他们本身就这么想，只是你恰好与他们"英雄所见略同"，所以一拍即合。

·产出（Production）：人们追随你是因为有产出，简单来说就是听你的或者跟你混有肉吃。如果按照你的方案，能有更高的产出或更高的效率，对方能直接受益，那何乐而不为呢？

·提升（Promotion）：人们追随你是因为你能帮助他们发展。这其实也是利益捆绑，不过核心是长期利益。能让对方看到你可以一直帮他，或者在一段时间内帮到他，也可以说，你是把利益在时间轴上拉长，然后逐渐给对方。

·人格魅力（Personality）：人们追随你是因为你是谁或者你代表的东西。你可能不用花太多精力去说服和谈判，对方就是认可你这个人，如此事情就简单多了。不过这种个人品牌不是一朝一夕就可以建立起来的。

为什么对方要听你的？如果能从底层理解这个问题，那么在达不到自己的目标和期望时，你就更容易控制自己的情绪。想一想，在权力、认同、产出、能帮助对方提升及人格魅力这些方面，你有可以依仗的东西吗？如果没有，就把精力放在思考如何培植这些东西上，这样你也就不会生气了。

陷阱 1：解释

在有具体利益冲突时，为什么摆事实、讲道理没有用呢？因为你没有给对方认同，没有给对方产出，没有让对方提升，如果对方既不崇拜你也不畏惧你，你还有什么理由期望他非听你的呢？因此讲道理的最后结果往往就是让你觉得对方很不讲道理，对方也觉得你很不讲道理，这时容易激活对方的情绪脑，进而开启对抗模式。辩说不仅不会推动谈判前进，反而经常会起反作用。辩说容易让双方情绪激动，矛盾激化。在谈判时，慷慨陈词的一方可能说起来很有感觉，但是听的一方不仅毫无感觉，甚至还会有一种可怕的心态。我们叫它"过马路心态"：在意见或立场不同时，人们听对方说话就像站在一个没有红绿灯的路口，等着过马路。这时候，你说的事情大部分都被当作耳旁风，呼啸而过。然而，如果你的表述稍有差池，对方就突然打起精神，立马在车水马龙中找到了空档，赶紧冲过去。因此，在这种情况下，说话的一方就要小心了，另一方其实一直在等着漏洞，然后一脚踩上去。尤其当面临投诉或攻击时，人都会下意识地为自己辩解。

我记得有段时间西安"奔驰女事件"在网络上闹得沸沸扬扬。

当时，我在飞机上，因此看到这个信息时有些晚了。飞机落地后，我刚打开手机，就发现好多条未读信息，都是让我评价一下双方沟通录音，这段录音被称为"教科书式的谈判案例"。在录音中，奔驰4S店的经理一上来就开始解释，还没等她说什么，我心里已经感叹：完了！面临投诉时，进行辩解往往是最糟糕的处理方式，这样只会让对方情绪更加激动，而且你给的每一条理由都会成为对方继续攻击你的借口。

这里需要提醒大家，在面对投诉时，尤其是对方的情绪很激动时，不要解释。你解释错了，会让对方更占理；你解释对了呢，那对方不是就错了吗？这样可能让你更麻烦。越解释，越出事！其实很多负责公关的同事都知道这个道理，有时在处理舆情危机时，可以道歉，不要解释。你这时要做的，是先把对方的情绪缓和下来，即先建立情感连接，再进行沟通。

在努力说服对方时，人们总是觉得一条理由好像过于单薄，因此会多列几条，这样看起来好像更加缜密。然而，其实这么做往往会适得其反：理由越多，反而会让你的立场越弱，对方往往会抓住你最弱的一条理由开始攻击。

有一次，我带孩子去上课，在路上我们经过了一家麦当劳。孩子突然喊着要吃冰激凌，被我严词拒绝。孩子开始跟我闹，站在原地不走，问我为什么不给他买。我说："第一，你感冒刚好，嗓子还不舒服；第二，你自己看看，离上课只有5分钟了，已经来不及了……"还没等我说完，孩子立马开始问我，那是不是上完课就可以给他买，我一时无言以对。

不要以为有多个理由就是好事，言多必失。如果真有足够的理由作为支撑，给最无懈可击的理由就好。在谈判时，需要刻意练习一种能力，就是说话要干净，言简意赅。这样有助于使对方的注意力集中在你的主要问题之上，避免因为过多的解释和冗余信息而节外生枝。

There are no facts, only interpretations.

没有事实，只有对事实的诠释。

——尼采

在谈判时，千万不要迷恋讲道理。一个好的谈判心态是：**永远不需要别人认可，因为认可了其实也没有什么用；永远认可别人，这能帮助你与对方建立情感连接，而且你认可了，对方反而没什么话说了。**更重要的是，你希望对方的关注点是在你的方案上还是你的理由上？讲道理只会把谈判带入万丈深渊，不如别在你的理由上浪费时间了，还是多花点时间聚焦到你的方案上，谈点实质性的问题。

陷阱 2：假设

"假设"也是我们在谈判中经常给自己挖下的陷阱，也是容易导致双方产生对抗情绪的一个重要因素。其实中性的假设并没有什么问题，但就怕人们分不清什么是假设，什么是事实。大多数人经常会把假设和事实混淆在一起，这就是一种主观臆断。在沟通时，人们经常会觉得对方完全活在他自己的世界里，但殊不知自己也是同样如此。

Good negotiators don't make assumptions, good negotiators test assumptions.

谈判高手不做假设，谈判高手测试假设。

——苏格兰坊谈判专家 斯蒂芬·怀特

有一次我和同事去阿联酋做一个客户的项目，我们分别从北京和新加坡出发。出发之前，我们对了一下落地时间，我同事说他 23:10 落地，我则是 23:15 落地。我们一看时间差不多便约好落地之后一起打车去酒店。我的飞机延误，将近零点才到，一落地我赶紧给同事打电话，他的飞机还早到了，他说他会在出口抽烟处等我。我慌慌张张地取了行李出来，却没有看到他，然后我们电话沟通了半天,才发现他在阿布扎比机场,而我在迪拜机场。

这只是日常生活中的一个小例子,还是同事之间毫无压力之下的沟通。想想看,在谈判桌上人们所承受的压力,这种情况下因为假设导致的错误判断和错误决策会带来多大的损失!想要避免这种情况也非常简单,首先,摆开你了解到的事实和你的假设,要有实事求是的精神;其次,不懂就问,遇到拿捏不准的情况,不妨直接去向对方求证"让我尝试来理解一下你的意思……"

We do not see the world as it is, we see the world as we are. Our head creates our world.

我们看到的世界并不是真实的世界,我们都从自己的角度看待世界。我们的大脑创造了我们的世界。

——管理大师 史蒂芬·柯维博士(Stephen Covey)

陷阱 3:责任

"让我们来看一下这个问题的缘由。"

"首先要说明的是,问题不在我们!"

"你们为什么不早告诉我?"

"按道理，应该由你们来承担这个损失。"

"我们先确定下这个问题的责任划分。"

注意看上面这几句话，都在谈论什么问题？谁的责任？什么原因？在合同的执行过程中出现了偏差，或一方出现差错时，人们往往都会赶紧划清责任界限，甚至在内部会议中也是如此：谁的错？该怪谁？谁来担责？怎么出错的？什么原因？然后才准备谈接下来的事情。

然而，根据我持久以来的观察，这时沟通通道几乎就关闭了。谈判桌上的各方开始陷入互相指责、相互抱怨的状态中，然后就没有然后了。其实大家原本是带着解决方案来的，遗憾的是最后大家都陷入情绪当中，把谈判室变成了斗兽场。

在谈判当中，如果你没有绝对的权力去问责和追责，那就不如尽量做到不论对错，放下过往，寻找办法，向前推进。

为什么不要谈过往和对错的问题呢？因为这些都是激化矛盾的导火索，没有人喜欢担责，没有人喜欢被指着鼻子怪罪，不管是3岁的小孩还是80岁的老人都是如此。想想你被人指责时什么感受，这其实触碰了对方神经当中的安全地带，并激活了自我保护机制。因此，既然大家要坐下来谈，就不要谈对错的问题，不如拿出切实可行的方案。纠结于过往也是挑衅的做法，谈过往其实隐含的意思就是要追责，要算账。如果抱着这种心态，那你可能进错了房间，你要去的是法庭而不是谈判室。

也有人跟我说，他其实只是准备点一下这个问题，确保自己的优势，然后再提出自己的方案。如果这样，那就要确保你自己在对方辩解和反扑时能锚定在主线上，而不是被对方带跑。其实你要知道只要对方愿意跟你谈，他心里是清楚这些情况的，你不留情面地给他点出来，他要是不反击是不是显得有点儿太弱势了？

如果你没有忍住，还是悄悄放了"黑枪"，然后激怒了对方，怎么办呢？停顿一下，不要回应，这时候赶紧提出方案，激活对方的理性脑，把谈判重新引入正轨。**谈判中的"至暗时刻"是进入循环争辩或陷入僵局的泥沼，唯一的出路是勇敢提出方案，而不是被动防御或进行辩解。永远保持机敏，等待时机的到来主动出击。**

陷阱 4：定性

"首先确定一下这件事情的原则问题。"这也是一种在谈判中很普遍的说法，同时也是把谈判带到沟里的捷径。

人脑对于原则性问题，或者说定性的问题，都会有自己的解读和理解。你没法保证对方的解读、你的解读以及你想要他有的解读完全一致，而且在面对定性问题时，人们都会用比较原始的脑垂体。这会激活人们的情绪脑和感性认识,比较容易做出应激反应,比如开始防卫和争辩,判断到底是打还是逃。

同样的还有对于"公平"的追求,人们一旦谈到公平问题时,往往是因为觉得自己受到了不公平待遇。然而,遗憾的是,人们对于公平可能有不同的看法,你的公平不等于他的平等,而且"公平性"的辩说往往会激发当事人的委屈感,也会触发情绪问题。

怎么激发对方的理性呢?有没有比"公平"更好的方案呢?其实我们在前面也提到过具体的方法,就是提出一个具体的诉求,比如告诉对方一个具体的数字。就像砍价时,你跟对方说,便宜点。对方往往会说,不行。然而,你跟对方说"便宜5元钱",对方在脑中会立马开始算账。为什么?就是因为人们会用大脑皮层来处理数字。你跟对方说含糊的东西,你会发现他根本不过脑子。首先,你没有用具体的数字来激发他的理性脑;其次,当面对一个不确定的需求时,他也不知道退到哪里,因此从抵抗不确定性的角度来说,对方也不会轻易让步。

如果你不想让对方"上头",那就少谈原则,多谈具体的东西,最好有具体的数字。这样就可以调用对方的大脑皮层来处理当下的问题,从而帮助你管理对方的情绪。

连接模式：在理解的基础上构建长期关系

谈判中，或者说在冲突中，其实有一个非常简单的做法，可以帮助人们结束争吵，平和心态，回到主题，那就是：重复对方说的话。这是一个非常简单，但却有着神奇功效的做法，给它再高的评价都不为过。

然而，遗憾的是，这并不是我们的习惯。在面对冲突和异议时，人们更喜欢去解释，进而保护自己。然后，这些做法只会引来对方更大的反抗和情绪。这时你要做的是，了解并认可对方当下的情绪。如果对方在生气，那你就说一句："你现在很生气，是吗？"如果对方指出他生气的原因，那你就再重复一遍这个原因。这样可以让对方感觉你在听他说话，同时让他明白，你理解他的情绪和问题。再往后，他就不会再拍桌子跟你吼："你到底有没有在听我说话！"

其实，自己可以设身处地地想一想，当你有情绪和不满时，你是希望对方尝试理解你，还是希望他跟你讲他的道理和理由。对方可能是出于好心，但在你感觉对方能理解你之前，你是不想听任何理由和道理的。重复对方的话，实际也是在帮对方建立安全感，同时帮你建立和对方的连接。

因此，在对方有情绪、双方有争议时，缓解情绪和冲突最简单也最有效的做法，就是尝试去理解对方。下次再碰到这种情况，你可以试着重复一下对方说的话，再问对方："你是因为这个感到不舒服，是吗？"接下来，你可以看看对方有什么不同的反应。

重复对方的话也有助于帮助自己冷静下来，专业的谈判者都有非常强大的自制力，其中一个技巧就是要建立一种条件反射，在自己被激怒时，赶紧重复一下对方的话。一方面，这能让自己再听一遍，重新消化一下，有可能有错失的信息或者自己误解的地方；另一方面，这也能给自己争取一些时间，想想该如何应对。

在本书一开始，我就表明过，这不是一本教你怎么说话的书。不过，在谈判中，语言表达还是有需要注意的地方：你可以坚守自己的立场，但态度一定要尽可能温和。

很多人会说，很多时候在谈判中不就应该强势一点儿，甚至还要虚张声势吗？那我们可能是在讨论两件事情，一种是怎么巧取豪夺，一种是怎么长期合作。我们可以把这种区别归结为竞争性和合作性这两种谈判风格。在短期合作中，各方一般更加趋于竞争性一些，因为就是一锤子买卖，而在长期合作中，各方都会趋于合作性一些，因为要"相爱相杀一辈子"。

我的咨询业务主要围绕商务谈判，我们的客户和它们的业务伙伴一般都是长期合作关系，因此我们更倾向合作性的谈判风格。

可以想象一下，采用竞争性的谈判风格，你会得到什么？幸运的话，你可能会因为手中权力得到自己想要的东西，但同时也会收获一个敌人。这个敌人会一直关注权力平衡，并准备伺机扳回一局。不幸的话，对方会识破你是在虚张声势。有太多的甲方在拍了桌子后还没有拿到东西，进而把自己和对方都拖入进退维谷的境地。在筹划谈判时，很多人都喜欢设置"红脸和白脸"的角色，我奉劝大家还是要分情况考虑。

> 技巧35：硬话软说。即便是要采用威胁对方的手段去推动谈判，也要尽力避免直接把刀架到对方脖子上。人都不喜欢被胁迫，要注意表达的艺术性，硬话要软说，不要让对方对你产生防御和对抗的心理，有时你甚至可以把自己和对方放在一起，一起去面对和处理这个危机。

如果真有对方的把柄，而你又知道，如果不亮剑对方就不会配合的话，建议你可以试试"温柔一刀"的做法，什么意思呢？就是不要"把刀直接架到对方脖子上"，在有些商业环境下你可以边做生意边打官司，一言不合就直接上法庭起诉。在其他地方，你起诉你的客户试试？如果真要打"威胁"这张牌，可以尝试让对方感觉到这个"威胁"对你也同时成立，比如这是公司的决定，你本心也不愿意这样。你要和客户站在一边，如果亮剑，这把剑最好是悬在这张桌子上的，对桌上的每个人都是个威胁，而你们要一起想办法应对这个情况。

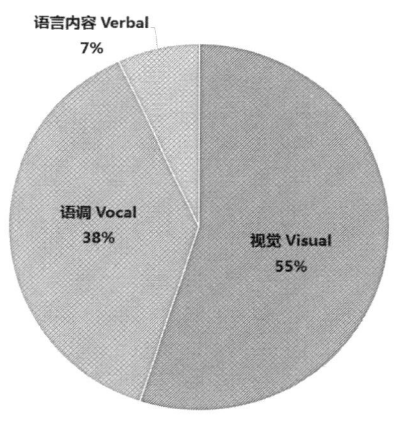

图 7-3 "55-38-7"定律

1967年，心理学家艾伯特·梅拉比安（Albert Mehrabian）教授提出了"55-38-7"定律。其核心内容是，在影响沟通的诸因素中，视觉（Visual）部分（衣着、表情、肢体语言）所占比例为55%，语调（Vocal）占到38%，语言内容（Verbal）本身只占到7%。不用去计较具体数值是否精确，该定律旨在说明，表述方式确实具有十足的重要性，甚至超过了要表达的内容。

我们要有共情的能力，但是仅凭这一点还不够，有时你还要能跳到桌子对面和客户站在一起。不要让对方觉得你就是他的敌人，就算你处在跟他有利益冲突的阵营。最聪明的采购人员都会毫无保留地跟我说他的难处，然后把问题抛给我，让我帮他搞定。软刀子割肉，有时候更有效。

立场坚定，态度温和，硬话要软说。给自己和对方都留有余地，只有这样才能既取得当下利益，又能维护长期关系，实现一种平衡。

> 势不可以使尽，使尽则祸必至；福不可以受尽，受尽则缘必孤；
> 话不可以说尽，说尽则人必易；规矩不可行尽，行尽则事必繁。
> ——法演禅师

这里说的"势不可以使尽"，就是一种长期合作的战略思维。对于长期合作而言，"关系"实际上也是一种资产。本书一直在提倡合作性方式，但这样做并不是为了让我们在谈判桌上更加轻松和舒适，而是为了激发各方的合作意愿和创新精神，从而共同创造更大的整体价值。另外，"关系"也绝对不是指吃饭喝酒那么简单，相互信任可以帮助各方更高效地展开交流和合作。和同事的关系可以帮助你在公司获得更多的资源，和老板的关系可以帮助你在授权和决策上得到更多的支持。当然，关系也不是凭空出现的，它源于良好的合作基础，前期不断积累的信任，对于未来合作的预期，甚至是对于不合作的顾忌。信任是有成本的，关系是有价值的。巩固关系很不容易，破坏关系却很简单，只要一次不愉快或情绪化的争执。

在商业环境中，单纯的买卖关系正逐渐演变成长期的共生关系，大部分的企业不再只追求每一单的销售收入和利润最大化，而是要综合考量各种因素。现代企业都非常重视客户关系管理（Customer Relationship Management），因为企业的发展不能只关注收入的增长，还要考虑对机会的发掘、对客户的支持、对满意度的追踪、维护客情关系等多个维度。当然企业的最终目的还是追求利润，只是不能脱离其他只讲利润，很多时候，利益和关系是相辅相成的。

随着现代化供应链管理的理念深入人心，很多公司更加重视长期性供应商不断发展所带来的商业价值最大化，而不是只重视单次或短期采购所带来的交易利益最大化。越来越多的企业开始有"供应商关系管理"和"供应商发展"的意识，并有专人负责相应的工作，甚至通过成立合资公司或组建产业联盟来构建更长期的合作关系。

从另一个角度上来说，各方对关系的重视程度可能不一样，也很难被量化，不过可以被描述为一种因合作而产生的对未来收益的预期。你对彼此的关系比对方更加重视，就意味着你更有可能在桌上做出更大的让步，或者对方感觉到你对彼此的关系更加重视，他就有可能会强迫你做出更大的让步。然而，具体能到什么程度呢？其实对方心里也没底，所以他就会一步步地试探，而你每次做的妥协其实等于给了对方更大的鼓励。我们对于关系的评估也要尽量客观。谈判桌上的权力平衡也包括关系上的平衡，要把因关系产生的让步和因关系可能产生的收益联系起来综合考量。我们不是在真空中谈判，不能脱离实际情况和各方实力单纯地讲关系，也不能脱离相互关系只讲收益和权益。更好的做法是，让对方满意，让自己获益，这样双方才都有动力去将所达成的协议付诸实践。

》》》敲黑板：

1. 每个人都不是机器，我们不能预测对手的反应，也不能保证自己一直处于绝对理性的状态。

2. 情绪管理是一个非常感性的问题，也是一个非常复杂且具有不确定性的问题。

3. 承认自己的不完美，承认这个世界的不完美，也承认别人的不完美，不要再用"本应该"去要求对方的行为和反应。

4. 情绪管理其实就是期望管理。在谈判桌上，我们只需要想清楚一件事情，我这样做会怎样影响对方的期望？

5. 在谈判时，利好要逐步释放，利空要一次出尽，这样有助于帮助你管理对方的期望和情绪。

6. 首先要帮助对方建立安全感，少去激发对方的情绪脑，知道如何通过调度对方的理性脑去让谈判回到正轨。

7. 对自己也是一样，首先建立安全感，安全感其实来自你的底线、你的选择和你的退路。

8. 从底层去理解这个问题"为什么对方要听你的？"，在达不到自己的目标和期望时，这样有助于控制好自己的情绪。

9. 有利益冲突的时候，摆事实、讲道理其实没用，且很容易给对方制造更多攻击你的机会，越解释，越出事。

10. 永远不需要别人的认可，因为认可了其实也没有什么用，但是永远认可别人，这能帮助你建立情感连接。

11. 在谈判当中，如果你没有绝对的权力去问责和追责，那就不如尽量做到不论对错，放下过往，寻找办法，向前推进。

12. 当双方陷入情绪陷阱的至暗时刻，唯一的出路就是主动出击，直接提出切实可行的方案。

13. 立场坚定，态度温和，硬话要软说。给自己和对方都留有余地，只有这样才能既取得利益，又维护关系，进而实现平衡。

14. 谈判桌上的权力平衡也包括关系上的平衡，要把因关系产生的让步和因关系可能产生的收益联系起来综合考量。

第八章
场景

现在通过一起拆解分析，你会发现谈判其实是一种工作方法，涉及事先的准备、方案的设计和包装、试探和判断对方的目标和底线。如果从方法论的角度看，那么谈判还是一个冲突管理的过程，在日常工作和生活中，大家可以用本书的技巧去处理潜在的机会和冲突。我相信只要用心对待，一定会有不一样的效果。真实的谈判在生活当中其实无所不在，比如薪酬谈判、亲情冲突、对孩子的管教……如果能将谈判技巧融入沟通方式中，就可以帮助人们化解冲突，兼顾多方诉求，同时达成自己的目标。

在第七章中，我曾提到过孩子要买冰激凌的事。当回过头来想这件事时，我突然发现他俨然就是一个谈判高手。想一想在面对我的严词拒绝时，他的处理方式：

试探：为什么不行啊？了解限制因素。孩子有好奇心。

聆听：寻找我言语中的灵活性（或漏洞）。孩子有探索精神。

提议：直接提出自己的方案。专注于自己的需求。

孩子其实是天生的谈判高手。当被拒绝时，孩子会动脑筋、想办法。在跟孩子的沟通过程中，我总结了一些心得：

· 孩子知道自己处在弱势位置，会动脑筋通过其他的方式达到自己的目的。

・有好奇心，会探究问题背后的原因，会问"为什么"（这个非常关键！）。

・没有限制，没有什么可谈、什么不可谈的禁忌，这样也让他们更有创意。

・不跟你讲道理，因为他知道讲不过你，但这也恰恰帮助他更加专注于自己的目标。

・会听大人话音，并尝试理解你在哪里有灵活性。

・会通过尝试提出不同要求去试探你的灵活性（底线）。

・有多样的手段去寻找突破口，爸爸说不行就去找妈妈，妈妈再说不行就去找奶奶。

孩子的反应往往最真实，因此在平时和孩子的沟通中，你可以尝试一下在本书中所学到的技巧，看看是否有效？在什么情况下，孩子会更配合你提出的建议？当你即刻满足孩子需求时，他会不会又衍生出新的需求？如何帮助孩子管理他的情绪？……对于练习谈判和沟通来说，孩子会是一个很好的伙伴。不过，一定要小心，因为孩子的学习能力比你要强，所以你可能很快会培养出一个比你厉害的对手。

只要我不出差，孩子每天晚上都会缠着我，让我给他讲故事。

有次，在经历了长时间的出差后，我刚到家，孩子就一股脑儿抱出来十几本故事书放在床头，要我给他讲一个小时的故事！在我看来显然这有些不太现实，我认为半个小时就足够了，于是孩子开始在床上乱蹦。"不行不行，必须要讲一个小时！"他跟我抗议道。我不想一回来就跟孩子摆出一副"臭脸"，也不想跟他讨价还价，于是提出了一个二选一的方案："如果今晚讲半个小时的故事，明天早上爸爸带你去踢球；如果今晚讲一个小时的故事，你明天让爸爸睡懒觉。"你猜，我的孩子选哪个？其实，选哪个我都不亏啊，选哪个孩子也都不亏啊。更重要的是，父子间的争执就这样结束了。

如何讨价还价

生活中，我们不一定总有机会坐在谈判桌上进行比较正式的谈判磋商，也不会太顾及长期伙伴关系和协议的执行问题。有时，人们会处理一些一次性的谈判，比如买车、买房，这就会涉及讨价还价。不过，即便是一次性交易，也还是可以尝试通过引入不同变量来重塑谈判的结构。

有一个朋友因为要卖房，所以需要和买家谈判。于是，他找我在边上帮他出主意。由于堵车，所以我晚到了一会儿。朋友跟我快速介绍了一下当前的局面，他的挂牌价是 590 万，客户还价 550 万，在我来之前的第一轮谈判中他已经同意降到 570 万，按他的话来说就是想痛快点。然而，他没想到，买家并没有如他想象中的那么痛快，反而提出了新的要求，560 万，同时让他提前 3 个月交房。

他明显犯了想用"快速让步"换"快速成交"的错误。其实，如果想尽快成交，他其实不如磨叽半个小时，逐步让到 570 万。然而，这已经成为既定事实，没法挽回了，除非我朋友让中介再帮他找一个买家，不过，这在当时的房地产市场确实不是一件容易的事情，而且非常耗时耗力。

我跟朋友商量了一下，帮他快速设计了两个方案：

- 方案一，570 万，预付 70 万定金，可以提前交房。
- 方案二，568 万，预付 80 万定金，可以提前交房。

之所以这样安排，其实是想看看买方更关注省钱，还是想缓解一下预付的资金压力。新方案还把降价幅度从之前的 20 万（590 万~570 万）的阶梯变成现在的 2 万（570 万~568 万），买方的回价看起来是一个"我要，我要，我全要"的方案：总价565万，年前只能凑50万定金，提前3个月交房。

买方提出了更高的需求，但是好在买方的压价幅度已经被我们限定在一个较小的阶梯上，现在的关键是看看所有诉求中，哪个是对方的真实需求，哪个又是伪需求。另外，在谈判的最后阶段，最重要的是给一个下台阶的方案，而不要给出幅度过大的让步。我让我朋友说，要出去和家里商量一下。他说他其实可以接受560万元的价格，但希望在年前能拿到尽量多的定金，然后我们又合计给出了两个方案：

- 方案三，568万，年前预付80万定金，可以提前交房。
- 方案四，565万，年前预付80万定金，不能提前交房。

最后的结果是按方案四成交，即日起6个月之后买方付完全款，卖房者在收到全款后两周内交房，双方最后还加了一个额外条款，即如果买方在6个月内付完全款，每提前1个月，卖方在买方额外支付1万元费用的基础上可以在收到全款后的两周内交房。

这里面的关键就在于，买方尝试通过把房价这个唯一变量打散为不同的变量，把对峙性的单一变量谈判转化为复杂的多变量谈判。如果大家仔细对比上面给出的各种方案，会发现不同方案的变量都是有增有减的，用这种方式可以测试对方的优先级，对方优先级高的诉求要尽量尝试满足，但需要拉高其他的条件来保护自身的利益，以彼之所取，换己之所需。

如何进行维权

在日常生活当中，"投诉"可能是人们最常碰到的情况，菜碟有小虫，承诺不兑现，服务不到位，"卖家秀"变成"买家秀"，图片仅供参考，永远都不懂短一点点是什么意思的托尼老师……在这种情况下，我们该如何维护自己的利益呢？我们不可能随便出什么事都跑去麻烦警察或请律师，也不可能把每一天都过成"3·15"。生活中的一些小摩擦、小冲突，就像"吃喝拉撒"一样，都需要我们亲自处理。

当事人利益受损是经常引发冲突的主要原因。遗憾的是，我们发现，在大部分情况下，利益受损方都不知道该如何通过正确投诉来维护自己的利益。如果现在再看看本书开头提到的"要求银行退回信用卡年费"的例子，你就会发现，其实我并没有什么魔法，核心还是我直接提出了具体的需求"请帮我把这张卡退掉，同时也请把年费取消掉"。

我们发现,不管是个人还是组织在利益受损时,首先做的基本都是怒气冲冲地找对方讨说法,希望先用道理和对错压制对方,再让对方提补偿方案。然而,对方的补偿方案几乎永远会让自己失望,但在这个事情上人们的记性好像都不太好,下次再碰到类似情况还是会采取类似的策略。

有一次,因为飞机机械故障,我被迫滞留在了臭名昭著的纽约 JFK 机场。所有乘客在飞机上被关了几个小时,然后被告知要下飞机取自己的行李,因为飞机的风挡除雨系统坏了(其实就是飞机的雨刮器),不能起飞。整架飞机的人立刻炸了锅,有人开始跟乘务员理论,有人开始打航空公司的客服电话,我也尝试改签到下一班,但是被告知当天所有的航班都满了,我们只能等待飞机修好或备用飞机过来。最终,所有乘客当天还是被安置在了周边的酒店,接着所有人开始打电话投诉。

我第二天还有从北京乘坐高铁前往上海的行程,肯定要耽误了。投诉电话一直占线,于是我写了一封投诉邮件,直接提出了 1000 元现金补偿的诉求。航空公司没有给我直接回信,而是打来电话和我交涉,说他们只能提供 500 元的现金补偿。我一听觉得不错,已经同意补偿了,然后接着说,那能不能这样,我看你们 app 里有电子优惠券,你给我的补偿,我还是要拿来买你们的机票，能不能把这 500 元的现金给我换成 1000 元的电子优惠券？客服回复说她要去申请一下。第二天早餐时，这 1000 元的电子优惠券就出现在了我的账户里。我随机问了问几位同行的乘客交涉的结果如何，得到的结果都是，航空公司说他们已经补偿我们一晚的住宿了。

通过不少次相似的对比试验，结论基本一致：如果你只是投诉，让对方给说法，你可能得到的回复就是"对给你造成的不便，我们感到非常遗憾"；如果主动提出需求，那你就有更大的机会多少拿到一些东西。俗话说"会哭的孩子有奶喝"，其实就是这个道理。如果自己都不争取，那凭什么期望别人主动给你？以后再碰到利益受损的情况，尝试直接提出你的诉求，看看会不会比找对方"讨说法"更能维护你的利益。

另外需要注意的就是，找对方要东西的时候，要从对方的角度考虑这个东西对他的成本，如果成本低的话，你就更有可能要到。1000 元的现金和 1000 元的优惠券，对于航空公司而言，当然后者成本更低。显然，当对方同意给 500 元现金补偿时，你就应该知道 1000 元的优惠券已经唾手可得了。还记得"空手套白狼"的技巧吗？如果对方给的东西没有达到你的要求，不用争辩，先收下来，盘算一下这个东西对他的成本，然后再换对你价值更高的东西。

可能有些人会担心，我这样会不会显得太贪婪，或者容易激怒对方呢？其实恰恰相反，之前我已经提到过，人面对定性的问题比较容易滋生情绪，而面对定量问题时，他就会调动大脑皮层来算账。对错就是一个定性的问题，而具体的补偿方案是一个定量的问题。

我的学员们常常跟我说，这是他们通过谈判课学到的最实用的技巧，可以在生活中广泛运用。我已经听过太多学员跟我说，通过不纠结于对错、主动提出诉求的方式，他们成功地让"托尼老师"免单、让酒店赠送 5000 积分、让商家额外赠送了一条新腰带……更重要的是，还同时少吵了好多架，少生了不少气。

如何处理投诉

我说过，当初刚上谈判桌时，我其实非常紧张：对方挑战我该怎么办？被别人投诉该怎么办？项目执行出了偏差被客户投诉，项目执行没有出偏差仍然会被客户投诉，而且有时候这一切并不是你造成的，但你还是要来解决这个问题，该如何处理这些挑战和投诉呢？

在面临投诉时，进行辩解是最糟糕的处理方式。这个时候请一定记得："不解释，越解释，越出事。"首先你要做的是缓和气氛，而不是直接给东西。遇到这种情况，你可以先表示理解和感同身受，尝试用同理心去建立连接，从而帮对方建立安全感。接着，你可以表达比较诚恳的歉意。如果还不能解决问题，你可以再问对方有什么诉求，并尝试帮其解决。当你问对方有什么需求时，其实也是在引导对方思考，帮助对方冷静下来。注意，不要立刻答应对方的需求，你可以利用虚拟权威或其他方式来凸显让步的艰巨性。

如果从谈判的角度来说，那么还可以通过如下的方式提升客户满意度。首先，做好期望管理，满意度实际是非常主观的感觉。一般来说，现状比预期好，人们就满意，现状比预期差，人们就不满意。显然，提升满意度的方法就是"改善现状"和"控制期望"。

在本书第七章中，我其实已经讨论过预期管理的问题。我们可以将这个问题放在具体场景中，再讨论一下。比如，在涉及服务交付的项目上，经常会出现以下情况，我把它归结为3O模型：过高估计（Over-estimate），过分承诺（Over-commit），过度交付（Over-deliver）。

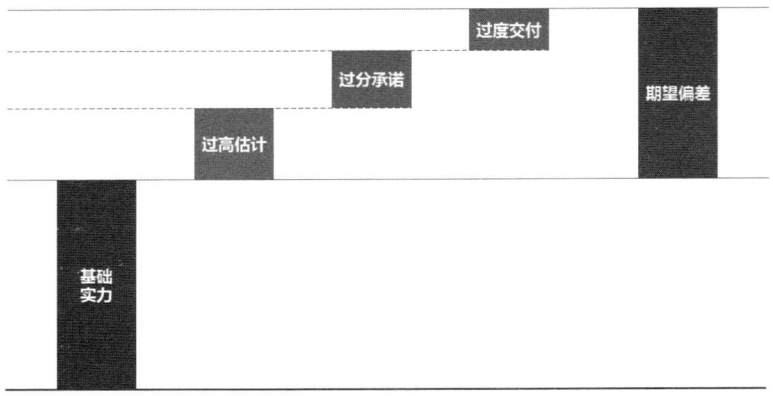

图 8-1 期望偏差

一般而言,人们会高估自己一年内能做的事情,但会低估自己五年内能做的事情。简单来说,就是人们对自己短期能做到的事情通常过于乐观了,会过高估计自己和团队的能力和精力。当面对直接的利益刺激时,比如能否拿到眼前的合同,人们又会有意或无意地过分承诺,这在无形中大幅提高了对方的期望值。当然,交付人员也不要抱怨销售人员在客户那边胡乱承诺。我经常发现,交付团队也在自觉不自觉地过度交付。这会让销售人员和客户认为,前面挖什么坑,后面都有人能填上,那下回不如再挖深一点儿。现状一旦成为惯例,对方的期望也会越来越高,于是这个大圈只好越转越快,最终变成烫脚的风火轮。整个环节上的每个人都"脚踢后脑勺",一路狂奔。然而,客户的满意度提高了吗？显然，一切只是原地踏步而已。

图 8-2　3O 风火轮

其次，利用有限的资源做好产品和服务，好钢用在刀刃上。从客户的角度来说，什么才是好的产品和服务呢？KANO 模型给出了很好的启示。KANO 模型是由东京理工大学教授狩野纪昭（Noriaki Kano）提出的，主要用来分析用户需求和其对用户满意度的影响，它同时还能帮助人们针对用户需求进行分类和优先级排序。

KANO 模型以满意度和产品特性/服务水平为维度，将常见的产品/服务划分为三种重要的类型，我们以服务为例进行说明。

·基本服务。简单来说,你提供不了这些服务,客户会很不满意,但你做得再好客户也不会更满意。比如餐厅里的盘子,如果刷不干净客人会非常不满意,但就算你把每个盘子刷10遍,也不会带来更高的客户满意度。

·线性服务。简单来说,你提供不了这些服务,客户会很不满意,你做得越好客户越满意。还是以餐厅为例,你的菜品做得不好吃,客人肯定不满意,你越下功夫客人越满意。当然,这也会给你带来更大的成本支出,比如你应该不会请10位米其林三星大厨在一家店为客户提供服务。

·魅力服务。简单来说,你提供不了这些服务,客户不会不满意,但一旦你提供了,客户就会非常满意,也可以叫差异型服务或惊喜型服务。最好的例子就是海底捞,大家可以想想你在海底捞体验到了哪些让你惊喜的服务?这些服务的投入成本又有多少呢?因此如果想提升满意度,你可以尝试在这个方向上多花一些心思,多做一点(One more ounce),在让客户体验到意想不到的服务的同时,你也会有意想不到的收获。

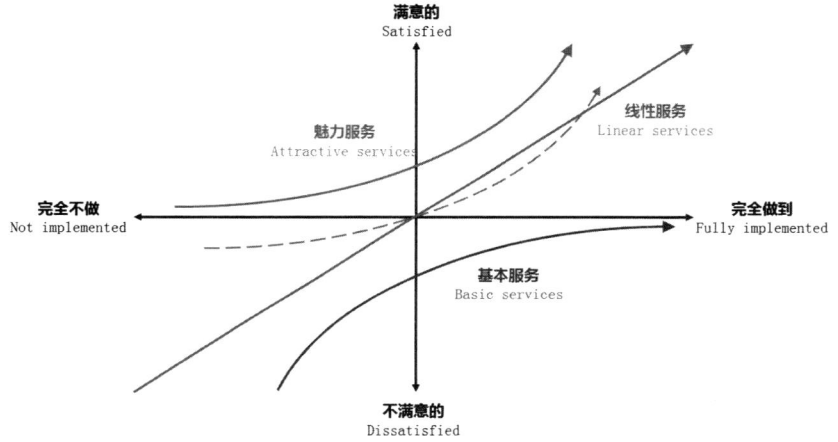

图 8-3 KANO 模型

整体来说，这三种服务各有各的用武之地，虽然魅力服务往往能出奇制胜，且投入产出比很高，但基本服务和线性服务还是必须做好。千万不要舍本逐末，虽然给客户形成了记忆点，但他们可能在发过朋友圈后就再也不来了。另外，还需要注意的是，惊喜的效果是随着次数的增多而逐渐减弱的。魅力服务也会逐渐退化为线性服务或基本服务，这就需要企业有持续创新的能力，不然又会回落到同质化竞争的状态。

如何化解僵局

尽管不愿意，但谈判还是偶尔会陷入僵局，这时候很多人为回避压力往往选择直接妥协。然而，除了让渡了重要的商业价值，这样做还会让对方形成习惯，以后事事如此。当然，也有的人会剑拔弩张，寸土不让，从而导致谈判直接破裂，双方事后互不往来。

这时候其实大家最应该考虑一下，造成僵局的原因到底是什么？引起双方冲突的东西对自己究竟有多大价值？是放弃自己可能要不到的东西，还是放弃已经和对方达成或将要达成的交易？注意，我没有说必须委曲求全，有些东西确实是不可谈判的，比如原则、底线等。

处在僵局时要尽量控制，避免衍生出情绪问题。就事论事、实事求是，最好能从谈判桌上退下来，给自己和对方都留出空间，以便考虑一下僵局和让步的代价，以及是否有必要调整自己的底线。

谈判的最后阶段往往是最艰难的阶段，双方都已经很难再有新的让步，变量也释放得差不多了，因此谈判很容易陷入僵局。如果一时无法解决，我们可以尝试以下几个方式：

换个时间谈。达成方案的时机有时候并不成熟，这往往意味着巨大的让步。在这种情况下，可以分析一下继续僵持、妥协成交及诉诸对抗的代价。有可能维持现状的整体成本反而最低，那不妨等一等，让子弹飞一会儿。

时间是朋友，有些当下看似无解的矛盾冲突，换个时间可能就不成问题了。你有时处于弱势，但并不代表你永远处于弱势。要有智慧和耐心，以时间换空间，只要不决裂，只要不下桌，总有解决的办法。

换个地点谈。有小孩的人都会知道，当孩子哭闹不止时，可能换个屋子孩子就不哭了，环境对于人的情绪的影响还是很明显的，换个环境，就会换一种心情。当你感觉到自己的负面情绪已经被点燃，可以尝试先保持静默，如果有条件的话，让自己离开现场一会儿。当你发现对方带情绪时，也可以采取一样的策略。大家在会议室里已经谈不下去了，不如换个地方，一起坐下来喝杯茶，或去球场打球，这些都可以缓解一下已经凝固的气氛。有时候，换个地方还能扭转一下谈判桌上的气场，比如从对方熟悉的地方换到自己熟悉的地方，主场优势在谈判中也是存在的。邀请别人来自己的主场还可以释放一种开放欢迎的态度，也有利于缓解僵化的气氛。

换个人来谈。红脸白脸是大家都熟知的谈判套路，我个人不鼓励用这种策略。不过，有时候人们会不自觉地成为谈判桌上的

"红脸"。当已经被对方打上了"红脸"标签后,你坐在那里还没说话,对方的抵触情绪已经上来了。这将导致大家完全无法进行理性沟通,谈判也无法继续。这个时候,可以考虑换一个人上桌,这样就能消除对方的抵触情绪,改善谈判气氛。

谈判桌上出现"针尖对麦芒"的情况是难免的,就算你能控制自己的情绪,也很难保证对方也能如此。有时候,不妨找代理人或中间人来帮你谈,这个人可以是:

- 对方信任的人,能代表对方的人或能影响对方决策的人。
- 你信任的人作为你的谈判代表,可以是你的同事,或者是你的代理人。
- 你们双方信任的人,可以以双方都认可的中立角度去和双方沟通。

注意中间人是帮助大家沟通的人,是谈判的润滑剂而不是决策者。如果需要第三方做出裁决,那其实就是把决定权让渡给第三方,你对结果也相应丧失了控制权。对我来说,解决问题的优先级永远是,先协商(关起门来谈判),再协调(通过中间人沟通),最后才是仲裁(寻求第三方裁决),尽量不要升级成公关事件。这样不仅对于结果无法掌控,还容易牵连出不可预期的其他问题。

一些律师朋友也会跟我说，能私下调解就不要打官司。有的时候赢了官司，输了关系，可能失去的更多。

有一次，我和朋友去北京市郊的度假村泡温泉。我们几乎是同时抵达酒店，但我在大堂等了半个小时，她才上来。原来是她在停车时遇到了一些小麻烦，她到的时候酒店的地下车库已经满了，因此她只好去找路边的停车位。然而，酒店边上那条路很窄，只有双向单车道，而且一边还停满了车（属于违章停车）。她边开边找车位，突然对面来了一辆车。我朋友坚持要让对面的车往后倒，因为对面的车属于逆行（他的车道被路边停的车占用了）。不过，对面的车也不肯让，因为如果要让，他要往后退很久，而我朋友只用退十几米就有路口。两车就在路中间僵持了下来，不一会儿，对面的车后面又排了四五辆车。有人开始下车来劝我朋友，但我朋友觉得自己占理，因此寸步不让（需要说明一下，我朋友平时脾气很好。不知道为什么，不管什么样的人，一开车就容易暴躁）。大家这个时候情绪都上来了，有人开始狂按喇叭。

过了一会儿，不知道谁叫来了酒店的保安。保安先尝试劝劝这边，又劝劝那边，没人愿意妥协。我朋友确实占理，可是对面的车开始越排越长，都是走到头没找到车位又绕回来的。保安看到这种情况突然灵机一动，跟我朋友提出了一个方案：如果我朋友能退出来，保安可以帮我朋友去地下车库找个车位，这种划算的买卖谁不干，问题立马解决了。

用现在流行的说法来说，保安的做法可以叫"躬身入局"。如果从谈判的角度来看，我们能从中获得几点启示：

·有时候冲突并不一定是当事人的责任，但我们要去面对和处理自身被卷入的冲突。

·即便看似狭路相逢，通过引入其他条件的方式也可以解决完全对立的冲突。

·躬身入局是一种态度，置身事外是一种能力。在身处旋涡时，关键还是在于你能不能跳出来，通过抽离和升维思考来解决问题。

·有时候势单力薄也不一定是坏事，处在弱势的地位也有弱势的势能。你可能处在破局点，解决你的问题比解决别人的问题成本要低。

当处理非常容易导致"剑拔弩张"的问题时，当你觉得讨论利益分配会影响到双方关系时，当自己时间和精力不够用时……其实，有很多其他的谈判场景都可以使用代理人。

如何界定问题

因为存在问题,所以才需要通过谈判来解决,但在一猛子扎进水里之前,我们还是要在岸上好好观察和思考一下,问题到底是什么?多问"为什么",为什么有这个问题?对方是怎么看到这个问题的?对方为什么会有这个需求?重要的是,不要假设你已经了解问题的全部,或对方和你对问题的理解是一致的。无论在什么情况下,多问问总是没错的。

很多时候,人们都是围绕很复杂的问题进行谈判。谈判双方都很容易被绕进去,就像线团一样,剪不断、理还乱。如何对问题进行定义和拆分,往往成了解决问题的关键。甚至有人说,能把问题清清楚楚地写出来,问题就已经解决了一半。在谈判的准备阶段,最值得花精力做的事情就是,把你当下的问题写下来,然后拆分成不同的课题清单。这很有助于你和对方明确,问题的核心是什么。

如何对问题进行重构

其实,谈判也需要创新思维和艺术素养。当然,这里说的创新绝非研制火箭之类的活动,而是能把一些本没有联系的事情联系起来,构建出新的关系。一个有助于我们思考的句式是:"这不是一个……问题,而是一个……问题。"比如"如果我没理解错的话,这不是你们需要我们下周就发货的问题,而是在月底前要把产品交付到你们的客户手上的问题。"搞清楚这一点后,你可以建议,是不是可以由你们的仓库直接发货给对方的客户,这样不但能节省时间,还能减少二次货运的成本。

有一次,我在家里陪孩子做英语作业。开始时非常顺利,可到了最后的英文歌部分,他怎么也不想唱了。我便问他:"为什么不想唱呢?"孩子回答:"我觉得这首歌不好听,就不想唱!"看来不是学英语的问题,也不是英语歌的问题,而是他觉得这首歌不好听。搞清楚了孩子的想法后,我开始尝试重构,有没有他喜欢的英文歌?当然是有的。于是,我问他:"你喜欢《救援汽车人》的主题曲,是吗?"孩子回答:"当然喜欢了!我还想学呢!"于是,机会来了。"我知道你想学啊,我还听到你平时老哼哼呢。可是《救援汽车人》的主题曲太难了,你很难一下子学会。""那怎么办啊？爸爸，可是我想学啊！"孩子又问。"那就只能从这种简单的英文歌开始学起，如果你学了100首，你就很容易学会《救援汽车人》的主题曲了。""好啊！爸爸，那我们快开始唱吧，但是你要和我一起。"

先了解对方的问题，然后再进行拆解和重构（也可以先重构再拆解，这个例子里我就是这么做的），很多问题其实是可以解决的。实际上，如果能很好地界定问题，可能都不用做出让步，你就能达成自己的目标。关键之处其实在于，搞清问题的本质，对眼下的问题进行分析和拆解，最后以对方的视角提出解决方案。

如何进行薪酬谈判

在社交媒体上，很多朋友问我关于薪酬谈判的问题。他们说，看了网上不少关于薪酬谈判的文章，但还是感觉无从下手。于是，我也跟着看了看那些文章，其中一部分是在讲面试技巧，还有一部分则在讲说服技巧。然而，面试其实是一个过程，在该过程中你应该尽可能呈现自己的价值，从而使得双方可以测试出相互之间的匹配度。另外，靠说服老板来实现涨薪的诉求，我不知道这种方式的成功率有多高，不过我可以肯定的是，你老板说服你不涨薪的技巧一定也不错。

在职业生涯初期，笔者的前东家平均年度涨薪幅度大概是5%，而笔者拿到了平均30%的年度涨薪幅度（6年平均）。笔者还曾作为招聘方面试过几百名应聘者，在这里我帮大家整理了关于薪酬谈判的"八个小技巧"，供大家参考。

1. 提前做好功课

充分的准备就等于成功了一半，薪酬谈判也一样。准备不充分，谈判就不会很顺利，结果只能是被对方牵着鼻子走。现在，有很多平台和渠道可以了解目标公司的情况。不过，我建议大家不要只看薪酬福利，还要同时多了解一下公司的发展和员工成长的情况。

2. 搞清谁做决策

暑假期间，我把孩子送回老家了，前几天视频通话时，他突然跟我说："爸爸，你知道吗！我可以不买平衡车了，我长大了，懂事了。"我觉得很奇怪，之前也没有跟我提过要买平衡车的要求啊。第二天再视频通话时，他拿着手机冲我炫耀道："爸爸，你看我的平衡车，奶奶给我买的！"搞清楚来龙去脉后，我才明白,原来孩子明白奶奶比爸爸更容易突破,所以选择直接不跟我谈。你看,孩子是很聪明的,他知道谁是决策者,也知道谁会成为突破口。有很多文章教人们怎么跟人力资源部门进行薪酬谈判,但大部分时候,人力资源部门只是中间人角色。确实是人力资源部门的人来跟你谈薪酬,而且他们也有决定权,不过他们更多地只是扮演"守门员"的角色。人力资源部门需要维护公司的薪酬制度,而且还可以充当应聘者和招聘经理之间的缓冲地带。然而,你要知道,你的直线经理才是真正能帮你实现诉求的人,因为他才是需求方。因此你必须直接跟用人经理说,就算他采用惯用的套路,将你推到人力资源部门,你还是要向他表明你的立场和诉求,并请他一定"帮忙争取"。

3. 提出具体诉求

我们来一起做个小测试。你已经进入面试的最后一个环节,用人经理问你:"请问你的期望薪酬是多少?"假设你期望的薪酬是 8000 元,你会采用哪种方式呢?

A. 直接告诉对方 8000 元。
B. 给对方一个区间,我希望是 8000～10000 元。
C. 跟对方说你的期望是 9000 元。

如果你选 B 的话，那你和大多数人的想法一样。然而，这其实是一种最差的表述，甚至不如 A 选项，直接告诉对方你的诉求是 8000 元。想一想，当你坐在桌子对面时，你听到这种表述是什么感觉？没有人会理会那 10000 元的期望，更糟的是，你甚至透露了自己的底线是 8000 元，而且这个底线看起来还有松动的可能，因为你看起来对自己的诉求很没有信心。

直接告诉对方 8000 元也不太好。对方有可能会跟你砍价，因此最终你可能拿不到这个数。更有意思的一种情况是，如果公司直接说"好，那下周来上班吧"，你会有什么感觉呢？显然，在这家公司工作的过程中，你可能一直会时不时地后悔，认为自己在入职时要求的薪酬太低了。

因此，我建议，当你说薪酬诉求时，可以在合理的期望值的基础上稍微抬高一些，给自己和公司都留一些空间，就算最后还是只拿到 8000 元，你和公司都会开心一点儿。注意，我可不是让你直接翻倍，按 16000 元报价，如果这份工作并不是你很想要的，可以尝试一下"狮子大开口"的策略。你要先研究市场的合理区间，并保证自己的诉求在这个区间内，但注意不要给一个区间，这样会让你看起来很没有自信。

4. 不要太快回应

公司也有可能会主动开出薪酬方案，这时候你一定不要太快做出反应。"行"和"不行"都不是很好的回答。除了应届毕业生有固定的基础起薪，一般公司在社会招聘时都会设置一定的薪酬区间，这也就是你的谈判空间。如果你还有其他正在应聘的岗位，那你可以花时间好好思考和权衡一下。可以要求回去考虑一下，这也会给对方造成一定的时间压力。不要假设你在谈判桌上是唯一的压力承受方，只要双方都有需求，那这种压力就是双方都要承受的。利用时间压力，回去做些准备，然后向对方提出你的进一步的诉求，如果公司的开价已经达到了你的期望，可以谈一些薪酬以外的东西。

5. 不要只是谈钱

薪酬包括几个方面，一般的主要构成包括：基础薪资（Base Payment）、短期激励（Short-term Incentive）及长期激励（Long-term Incentive）。某些岗位的基础薪酬会存在一个区间，大企业的相关信息在网上很容易找到，还有一些猎头公司或招聘网站每年都会发布的薪酬报告，这也可以拿来做参考。另外，最好了解一下你的这个职位在部门里处于什么水平，如果其他人的级别都比你高，那么恭喜你，你未来的涨薪空间和幅度会很大。在年度薪酬评估时，公司一般会给每个部门一个整体的百分比，比如 5%。如果你的基础薪酬在部门里比较低，给你涨 20% 相当于给一个资深员工涨 2%，你就比较容易获得百分比上的倾斜，涨薪幅度可以更大。

短期激励一般主要是年度奖金或者销售激励。这点是如何设定和计算的，在入职前，你一定要问清楚。尤其要注意的是，在招聘时公司一般都会或多或少夸大这部分的收入，所以需要打个折扣。很多公司在这方面都是有一定灵活度的，可以从公司角度去考虑，如何在兼顾双方利益的情况下达成自己的目标。

还有一个是长期激励，主要就是股票期权，这种奖励通常会有一定的成熟期。不过，这些也是可谈的，关键还是取决于你有没有可谈的筹码。如果你是公司特别需要的人才，这方面的灵活度其实非常大。不过即便针对一般员工，有的公司也会实施因人而异的股票激励计划，有的人是"1∶1"配股，有的人是"1∶2""1∶3"（买一股送三股）。

另外，客户资源、工作分配、培训、出差、假期……这些都是直接攥在你老板手里的资源，非常值得在入职和年度评估时跟他好好探讨一下。能拿到什么资源，直接决定了你在公司的发展，也决定了你未来的薪酬空间。

切记，不要只是谈钱，其实还有很多可以谈的；不要就单一变量进行谈判，哪怕只是谈钱，也可以切碎来谈。

6. 更别只谈理想

很多老板喜欢"画饼"，尤其是创业公司的老板。作为曾经的创业者，笔者对这点有很深的感受，别人给我"画过饼"，我也给人"画过饼"。"画饼"其实没问题，做人还是要有理想、有愿景的，但也需要脚踏实地。因此，在有理想的同时还需要有底线，设置一个止损点。如果"上有双亲、下有孩子"，那我建议你还是要现实一点儿。创业不是赌博，别玩得太大，毕竟这个事情可能只有1%的成功率，很多人身边都有不少拿着一大笔期权无法兑现的朋友。

用数学思维来对待一切具有不确定性的问题，成功的概率有多大？成功后兑现的概率有多大？我能等到兑现那天的概率有多大？我在不同时间点退出的投资回报比是多少？仔细审视这些数字后再做决定。

如果最后还是决定为了理想放手一搏，那你就需要在协议中写上明确的对价：你需要投入多少——时间的投入、少拿基本薪酬的投入（机会成本）；同时约定好在不同的时间节点如何兑现。

7. 制订发展计划

如果你不打算跳槽，想在一家企业长期发展，那我建议你将焦点放在个人的发展计划上,而不是只关注薪酬。一定要拉上你的老板,因为他的态度直接决定了你的个人发展计划能不能得到实施。你可以引入时间变量,因为尽管有些东西现在看来遥不可及,但两年后就会变得理所应当了。

关于职业发展计划,我有个自己总结的小工具,并且实测效果很好,简称 G-PROS 模型:

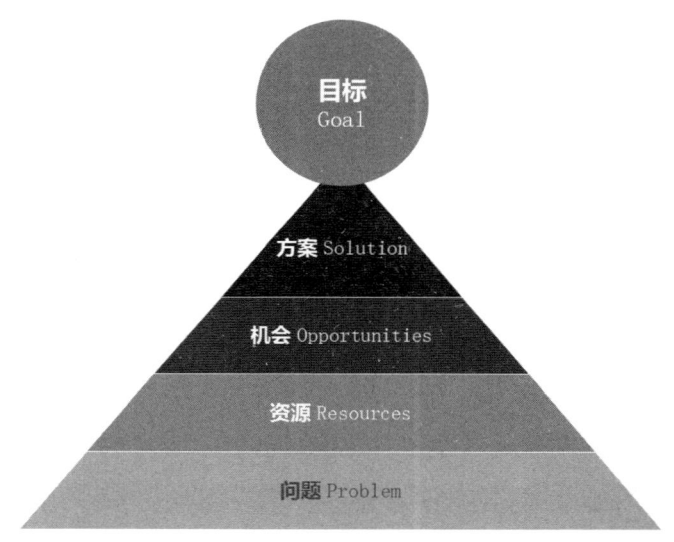

图 8-4　G-PROS 模型

目标(Goal)。毫不夸张地说,我认为,在决定成功的诸多要素中,目标的权重超过 50%。有没有清晰的目标,目标设定得如何,直接决定了你未来站在什么位置。

问题（Problem）。要清楚现实和目标之间的差距，找到症结所在。是否能对当下问题进行清晰的定义和分解，决定了你有没有能力解决它。

资源（Resources）。所谓资源并不只是指你手里的资源，而是指你能调动和协调的资源，包括老板手里的资源、公司层面的资源，甚至是外部的资源。先不要考虑你有没有，先想自己需要什么样的资源，然后再看如何去调动。

机会（Opportunities）。目标很明确，能够意识到问题所在，并对其进行拆解，对资源进行过盘整，当你完成上述步骤后，机会在哪里其实已经很清晰了，剩下的事情就是对机会进行优先级排序，确定什么机会是你最想也最有可能抓住的。

方案（Solution）。有了机会，该怎么把握住，这其实就是你的个人发展计划。不要等着老板来找你帮你制订，你对自己的发展负责，制订好之后找老板沟通，争取他的支持。

8. 主动提出方案

笔者一再强调，提出具体方案很重要，在薪酬谈判中，你也要主动提出自己的具体方案。遗憾的是，很多人都不够勇敢，都希望对方给自己一个比自己期望更好的方案，但是每次都会失望而归。其实，主动提出诉求会更有机会达到诉求。

即使对方先开价了，你仍要争取设定自己的锚点。不久前，一个学员跑来找我咨询，她刚刚得到了一个心仪已久的工作机会，但在薪酬方面她非常不满意。她的期望是 15000 元，而对方只肯给 10000 元。对方还明确说，这是公司根据她的履历所定出的薪酬标准。她努力向直接上司和人力部门进行了解释，10000 元是非常不合理的，比如她的上一份工作的底薪是 12000 元，另外还有销售提成。我的这个学员期望对方也认识到 10000 元确实不合理，然后增加其底薪，但对方却丝毫不为所动。我给她的建议是，不要管 10000 元合理不合理，直接提出 15000 元的诉求。她照做了，然后告诉我，对方回复说："让我们去商讨一下。"

多说两句

不要破坏关系。老板关系、同事关系、下属关系是职场核心，这些关系不仅会影响你在一家企业供职时所发挥的作用，在你离职后它们将继续影响你的职业发展。没有人想成为众矢之的，因此大部分企业都实行"密薪制"，这样就能避免同事之间相互攀比，进而影响协作。另外，千万不要因为薪酬问题和老板起冲突，就算这次拿到了，损坏了长期合作和信任关系，也是一件得不偿失的事情。如果实在憋屈，可以考虑换个地方。

没筹码别上桌。谈判不是变魔术。如果决定权完全在对方手中，那么你只有被选择的权力，任何技巧也不能帮你奇迹般地拿到高薪。要是没有差异性的竞争力，你唯一的权力可能就是拒绝接受对方提供的工作机会。如果你只有 20 万年薪的实力，谈判的技巧也不可能帮你拿到 100 万的年薪。薪酬谈判的技巧只能帮助你拿到你应得的酬劳。

如何应对咄咄逼人的对手

虽然我们鼓励以合作的姿态进行谈判和磋商，但有时候我们总会碰到咄咄逼人的对手。在这种情况下，帮助他建立安全感、拉他上桌当然是必要的，但我们还是要同时建立好自己的防御工事。

虽然我不鼓励依靠权力迫使对方让步，但脱离权力平衡讲谈判话术也是没有意义的。在商业合作中，人们也要有"深淘滩、低作堰"的精神。"深淘滩"能让你承受外界更大的压力和考验，加强战略积累，提升自身实力，上谈判桌上后则应当"低作堰"，不要仗势欺人，避免给自己制造潜在的敌人和障碍。对别人"低作堰"，其实就是不给自己"挖坑"。

除了平时的实力积累，还要在上桌之前加强你的"备胎计划"。给自己铺好退路，你在谈判桌上才能更游刃有余。即便被对方逼到了墙角，你也知道自己并不用束手就擒。这样的话，对方其实也会在心里衡量一下，生怕真的把你逼出了屋子。

遇到这样的谈判对手时，注意不要随便透露有利于对方的信息，因为他会利用这些信息来对付你。你可以以比较合作的态度把丑话说在前面，从而拉低对方的期望。

在对方破口大骂时，不要还嘴，不要辩解。有的人喜欢采取"打一巴掌，给个甜枣"的策略，其实这样也是为了拉低你的期望。因此，在对方"打你"时一定不要打断他，要不然你就看不到"那枚枣"了。沉着冷静地看着对方，等他把话说完，让他拍10 分钟的桌子。一旦累了，他自己就会软化下来。如果在这个过程中，你进行了反击，那么反而给了他情绪上的支撑，他就会更加来劲。千万别用这种方式给对方"加油助威"。

在对方提出完全不合理的条件时，不用争辩，他其实也会知道到底合理不合理。不过，你越想证明他不合理，他可能就越要证明自己完全合理，人就是这么喜欢闹别扭。你可以针对他的需求试着提出一些不太合理的方案，从而形成一种对峙的态势。他回撤一点儿，你也可以回撤一点儿，用进攻来防守。还记得当将军命令一休捉住屏风上面的老虎时，一休是怎么应对的吗？只见一休拿起绳子，对着屏风做好了准备的姿势，说道："将军，我已经准备好了，请您把屏风上的老虎赶出来吧！"

另外，还有些人特别喜欢小题大做，只是因为很小的问题就开始借题发挥。虽然有的人是性格使然，但大多数时候，他们其实是利用演技向你施压。在电视节目上，我们经常可以看到这样的人，感觉还挺有意思，但在生活中，真碰上这种人，就会让你非常头疼了。不过，还是有一些办法可以应对这种人的：

1. 不要畏惧。这些人非常争强好胜，有很强的控制欲。如果你显得很畏惧，他们会继续乘胜追击，甚至用更加夸张的方式来对付你。

2. 不要跟他纠缠，进而被拖入他的游戏。这些人不但不怕冲突，反而很喜欢充满竞争性的场景。当遇到旗鼓相当的对手时，他们可能会很开心，并变本加厉。故意激怒你，让你犯错误，这也是他们很擅长的花招。

3. 不要指责他们。这些人不怕指责，还会将你的指责变成一种认可和鼓励。"你越这么说我，我还真就这么做了，你能拿我怎么办。"

4. 不要给他舞台。有些人喜欢戏剧化的表演，因为能博取关注。当有观众的时候，这种人的劲头就更足了，巴不得把火烧得再旺一点儿。

5. 保持冷静，不为所动，但同时表示尊重。不惹事，也不怕事，如果对方觉得你是点不燃、烧不热的"顽石"，他自己就会感觉到无聊了。总之，千万不要用你的实际行动去为对方"叫好"。

如何与不同文化背景的人谈判

世界存在许多种文化，这些文化又被贴上了类别标签，比如高语境文化、低语境文化、人情文化、契约文化……我在全世界20多个国家进行商务谈判的培训和咨询，也到40多个国家游玩和考察过，从我的切身经验和体会看，很多标签式分类都太过于表面了，都只是在强调这些文化所呈现出的差异。其实，人类共同的文化才是最核心的，它体现的是人性上的共通之处。人和黑猩猩的基因相似度高达98.8%，那人和人之间的差异会有多少呢？不管他是穿着西装，还是白袍，也不管他是手舞足蹈地说西班牙语，还是给自己设置了两米的安全距离，大家的大脑结构都是一样的。就像理性脑无法对抗情绪脑和爬行脑，只有几千年历史的文化也是很难对抗人性的。

其实，随着全球化的发展，各地的文化差异正越来越小，或者说对不同文化的包容性越来越高。另外，除了地域文化，还有公司文化、职业差异、个人差异，在沟通中过度关注地域文化差异的做法，不免有些局限和过时了。

图 8-5 文化洋葱模型

面对巴西人，就假设他一定会跳着桑巴舞跟你谈判；面对法国人，就假设一定要喝着香槟，用浪漫多情的语言跟你谈判；面对芬兰人，就假设他一定会在 5 米之外，有一搭没一搭地和你谈判……显然，在给对方贴标签时，我们自己也陷入了一种思维定式中。其实更好的方式是，别急着将对方归类，保持开放的心态，通过仔细观察和聆听，看看对方到底是什么样的人。

我不是说，大家没有必要去了解和尊重不同的文化，而是不用在这方面"冠上加冠",最终很可能会过犹不及。其实,有时真没有必要让人觉得你很了解对方的文化,英文里有个说法叫"foreigner power",核心意思就是"不知者无罪"。你不懂,别人就不会怪罪你;你太懂了,别人反而会苛责你。

毕竟人们的生长环境不同,因此认知就会有偏差,夏虫不可语冰,井蛙不可语海,每个人都有自己的局限。这时"讲道理"和"谈原则"就更不是聪明的选择了,因为双方的认知体系和语言环境可能完全不一样。在面对不同文化背景的人时,表达适度的尊重,保持谦卑,善于倾听,多问问题,不兜圈子,坦诚相待……这些都是放之四海皆准的措施,也体现着最基本、最重要的素质,这些素质能保证你到哪儿都能吃得开。

如何跟不同性格的人谈判

比起不同文化,其实应该更关注人的不同性格。人们对同一件事情可能产生截然不同的反应,核心原因就是人们拥有不同的性格和脑回路。

世界上有很多不同的性格分析工具,有的比较复杂,有的比较简单。我比较推荐的是 DISC 模型,因为相较于 9 型人格、16 型人格等模型来说,它更加模糊。对于性格这种本身就很模糊的概念来说,模糊的反而是精确的。另外,DISC 模型非常简单,这可以帮你在很短的时间内通过和客户的交流了解到他的性格,进而做出相应的适配。

首先来介绍一下 DISC 模型,它是四个单词的缩写: D 即 Dominance（支配型）; I 即 Influence（影响型）; S 即 Steadiness（稳健型）; C 即 Compliance（谨慎型）。这四个单词也就代表了四个象限,纵轴代表理性还是感性,横轴代表内向还是外向。

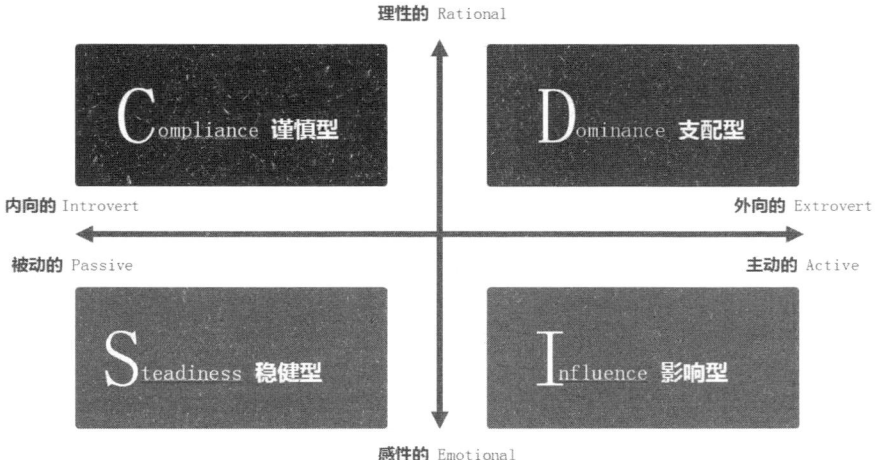

图 8-6　DISC 性格行为模型

1928年，美国心理学家威廉·莫尔顿·马斯顿博士（William Moulton Marston）出版了《常人的情绪》（*Emotions of Normal People*）一书。DISC模型就是以这本书为基础建立起来的情绪反应分析方法。有别于弗洛伊德和荣格等心理学家所开创的病态心理学，马斯顿博士主要研究正常人的行为和情绪，因此也被称为正态心理学。随后，很多学者基于DISC模型开发出了很多测评工具，包括色彩行为学、事业优势诊断系统（PDP）等，并在全世界得到了广泛运用。各大公司在人才的"选、用、育、留"及团队建设方面，往往也会围绕DISC模型展开工作。

DISC模型也被称为"人类行为语言"，其心理研究和性格分析功能和可以帮助人们了解自己。除此之外，在识别沟通对象和优化沟通方式方面，该模型也能为人们提供巨大的帮助。

跟D型（支配型）的人谈判

特点：D型的人兼具理性和外向（反应快）的性格特征。这类人一切以结果为导向，目标坚定，使命必达；喜欢发号施令，做事雷厉风行，绝不拖泥带水，容易拍桌子；D型人格的人对他人不太关注，输赢心很重，也不太有耐心。孙悟空就是典型的D型人格。

识别：穿衣风格比较严肃，喜欢威严感，握手非常有力，感觉是在较劲；办公桌看似非常乱，但他自己知道每张纸片的位置，所以千万别乱碰，碰了他可能会非常生气；不太关注细节，比如看报纸只看标题。

沟通：少说废话，不要兜圈子，他的耐心可能非常有限；不要帮他做决策，可以给出不同的方案让他定夺；对他要给予足够的尊重，避免用施压的方式，不然很可能会导致"爆雷"。

跟 I 型（影响型）的人谈判

特点：I 型的人兼具感性和外向（反应快）的性格特征。这类人热情活泼，喜欢表达，爱出风头；做事情很有创意，也很有影响力，忍受不了重复和平庸；通常有很多朋友，但容易夸夸而谈，不够落地。猪八戒就是典型的 I 型人格。

识别：喜欢鲜艳的色彩，即便是商务套装也会在身上做些与众不同的点缀；需要被关注，喜欢站在中心位置，很喜欢发朋友圈，必须有自己的照片；办公桌很有情趣，能体现他的生活和爱好，也有可能被他弄得很乱，心血来潮时就收拾一次。

沟通：可以尝试和他拉近关系，甚至可以给他"戴高帽"，表达你对他的关注，从而营造积极向上的氛围；I 型的人对细节同样缺乏关注和耐心，但他会关心结果的呈现，有创意的概念和生动的表达绝对是你的加分项；让他有更多的机会表达自己的见解，如果能让他说到爽，那你可能可以拿到更多的东西；不过，他可能因为过于乐观而忽略潜在的执行风险，因此你需要多问一些细节问题，从而帮助他思考，并落实在方案里。

跟 S 型（稳健型）的人谈判

特点：S 型的人兼具感性和内向（反应慢）的性格特征。这类人不喜欢冲突，也不喜欢出风头，稳定可靠，懂得理解和迁就；S 型人格的人不太懂拒绝，容易做"老好人"。沙和尚就是典型的 S 型人格。

识别：穿着以舒适为主，开会或合影都喜欢靠边坐，一般不喜欢发表意见；办公桌东西不会太多，但比较温馨，不会像 I 型人那般夸张，可能会放家人的照片。

沟通：表达你对他的关怀，建立较有安全感的沟通环境；多问明确和具体的问题，鼓励和引领他说出自己的意见或真正的需求；S 型的人不喜欢做决定，特别不喜欢做宏大的决定，这样对他们可能有些冒险，可以尝试把你的方案切碎，逐步推进。

跟 C 型（谨慎型）的人谈判

特点：C 型的人兼具理性和内向（反应慢）的性格特征。这类人关注客观事实，追求完美，逻辑严谨；做事高标准、严要求，有条不紊；C 型人格的人容易因为过于较真而给人不近人情的感觉。唐僧就是典型的 C 型人格。

识别：穿着比较保守，对潮流免疫，不喜欢拍照，对事情非常认死理，对人情世故毫无兴趣；办公桌非常整齐，也可能什么东西都没有，像没人坐在那里一样；看东西会非常仔细，材料里有标点符号没用对都会被揪出来。

沟通：你真的很难说服一个 C 型的人，他们的逻辑性和细致程度绝对碾压你，除非你也是一个 C 型的人；C 型的人非常理性，不容易有太多情绪问题，注意事实和细节，不然容易被挑毛病；好好研究和设计你的方案，有明确的时间计划和可以落地的计划；言行一致，要信守你的承诺。

想想你身边的人和经常打交道的客户或合作伙伴，是不是开始有些感觉。当然，由于后天的磨炼，很多人的性格非常复杂，很少能用单一象限完全覆盖。因此，在了解对方的性格特征时，你不要随便贴标签，不要被某种沟通方式局限住，还是要多观察、多思考、多尝试。

DISC 也可以用来帮你组建谈判团队。D 型或 I 型的人不太适合去做主谈，他们说话太快，有的时候可能根本未经细致的思考，而且容易忽略对方的反应。S 型的人有潜力成为比较优秀的谈判者，他们做事谨慎，行动较慢，也会关注对方，同时还比较有灵活性。不过,对于 S 型的人而言,他们需要有人帮助自己确定目标和优先级,并帮助他做决定。

谈判的不同种类

谈判是一个跨学科的综合性课程,因此也很难通过一本书将谈判的方方面面解释清楚。从解决问题的角度,我们先解决普遍性问题,再去应对特殊性问题。本书介绍了谈判领域的基本法则,不过回到现实中后,你可能会面对形形色色的谈判场景。从不同维度上,谈判可以分成几类,但万变不离其宗,掌握谈判基本法,然后在不同场景下去灵活运用吧。

从性质上分

商业谈判:谈判各方更关注实际的利益,因此更有机会围绕各方利益实现价值重构。不过,真正能做到这点的谈判者并不多。这也要求谈判者要有企业家思维,而不只是执行者。另外,即便在所有谈判类型中,商业谈判可能是理性最强的谈判,但那些不理性因素依旧不应该被忽视。

人质谈判：这就是一种极端场景了，希望大家永远都不要碰到类似的情况。然而，如果受到要挟，而对方的情绪极其不稳定，那么第一要务还是要取得对方的信任，了解对方的诉求。然后，逐步交换，延迟满足，为解救人质争取时间。当然世界各地对于人质谈判有不同的指导方针，如果感兴趣，那么大家可以搜一些网上的资料。

生活谈判：对于普通人而言，随时随地都会遇到需要谈判的情况。比如投诉问题、薪酬谈判、房产买卖、跟孩子的谈判、市场上的讨价还价……很多谈判技巧到处都有用武之地，比如，如何提出诉求，如何针对对方的诉求提出你的条件，如何开价和如何回价，等等。在有些并不是需要谈判的冲突场景中，借助谈判中的沟通技巧也能帮你建立良好的人际关系。

从参与方来分

双边谈判：参与谈判的利益体只有当事人彼此双方，虽然可能涉及第三方的利益，第三方不会直接参与的谈判。双方的利益和诉求通常都比较明确。这是最常见的情况，本书当中所举的例子大多数都是这种类型。双边谈判也是多边谈判的基础。

多边谈判：多边谈判是一种更复杂的场景，涉及更多的利益体和利益诉求，不同利益方会有不同的诉求，甚至会出现某些利益体在某些问题或某个阶段结盟的情况。这就需要我们在谈判之前进行更加充分和系统的筹划准备工作，了解各方的诉求，分析各方的优势和劣势，在谈判时尽量平衡各方的诉求，进而达成自己的目标。多边谈判的过程通常比较漫长，因为仅仅是搞清各方的诉求就要花去很长的时间，在流程上也会涉及更多的休会和谈判轮次，还可能包含某些利益方之间的双边谈判。不过，这也使得多边谈判有很大可能创造更大的价值，因为各方都面对着更好的资源整合机会。

从谈判的对象来分

外部谈判：谈判的各方属于不同的组织或利益集团。通常矛盾比较激烈，双方的根本利益可能存在明显的冲突。另外，谈判各方的信息相对不透明。在外部谈判中，怎么去收集和分析信息？怎样判断对方的诉求和底线？怎么去寻找和构建各方的利益共同点？……这些都非常关键。

内部谈判：谈判的各方属于同一个组织或利益集团。大家通常有共同的根本利益，或者说大家的根本利益具有较高的相关性。然而，即便大家有共同的利益基础，也并不是说内部谈判就比外部谈判更加容易。在内部谈判中，各方信息相对透明，而内部资源也是有限的。另外，谈判一旦破裂，各方所受到的影响和损失可能更大。

从谈判的目的来分

"做蛋糕"式谈判：简单来说，就是谈判各方需要利用各自的资源和优势，去创造更大的整体价值，在满足自己的需求的同时也满足对方的需求。在"做蛋糕"式谈判中，一方的所得不一定是另一方的所失，也可能是各方共同创造的价值。

"切蛋糕"式谈判：其实就是传统的为了分配利益而进行的谈判。当然，不管人们如何发挥创意去把蛋糕做大，最终还是要回归到利益分配这个问题上，即为己方争取更多的价值。在"切蛋糕"式谈判中，一方的所得即另一方的所失，各方处在"零和博弈"的游戏之中。

从谈判的风格来分

竞争性谈判：这种风格往往会导致谈判各方忽略对资源进行整合和优化的机会，从而使谈判变成"切蛋糕"式谈判。竞争性谈判的关键在于找出对方的弱点和劣势，并予以攻击，并且不太用顾及双方关系，谈判往往涉及的是"一锤子买卖"。

合作性谈判：合作性的风格能帮助双方更好地共享信息和相互协作，因此这种风格经常能产生更多"做蛋糕"的契机。合作性谈判的关键在于了解对方的诉求，利用双方的优势，并加以整合。另外，各方都会对相互的长期关系加以投资。

从谈判的形式来分

一次性谈判：各方就只有一次谈判机会，需要快速地进行沟通、交易和决策。在这类谈判中，各方都面临着比较大的时间压力，谈判桌上的实力平衡取决于各方当下时间点手里的底牌和退路。一般来说，这类谈判会比较有竞争性，比如投标后的一次性定向谈判。

系列性谈判：双方有多次的谈判和沟通机会，各方有比较充足的时间进行谈判、休会、内部商讨和决策。谈判桌上的实力平衡也会随着谈判的进展发生微妙的变化，在谈判的不同阶段可能兼具竞争性和合作性的特点。一般涉及影响深远的重大决策，都需要进行长期的系列性谈判。

从谈判的方式来分

现场谈判：谈判的各方都坐在谈判现场，面对面地进行谈判。这是最古老的谈判方式，也是最有效的谈判方式。在现场，人们的沟通方式是最丰富的，且可以更全面地去抓取对方的信号。不过，每个人可能也会最大限度地将自己暴露在对方面前，这也会让每一个谈判参与者背负更大的压力。现场的氛围也会影响人们在谈判时的心理和表现，比如，在不同的主场人们的心理感受是不一样的。现场谈判适用于复杂性高、艰巨性大及需要长时间投入的谈判场景。

视频谈判：在视频谈判中，人们的沟通方式的丰富程度仅次于现场谈判，但是你不能感受对方握手的力度，无法直视对方的眼睛，甚至不能一同感受室内空调的温度和咖啡的味道，而这些其实都会微妙地影响人们在谈判时的表现。不过，视频的方式确实极大地提高了谈判效率，人们不用再飞行十几个小时到地球的另一端，只用选一个大家都合适的时间。视频谈判的效果会比现场谈判差一些，而且也不适合长时间谈判，比如一整天。没有人能对着摄像头保持太长时间的注意力，如果必须这样，建议多设立一些休会的时间。

电话谈判：在视频谈判之前，人们还经常采用电话谈判的方式。电话谈判把沟通中的视觉信息给去掉了，而视觉信息在沟通要素中可占了55%的比重。因此，在电话谈判中，你的语音、语调就会格外重要，否则对方很难听清你的重点和主要诉求。另外，在电话中，人们的耐性都非常有限，因此，你的表述必须更加言简意赅进，或者说，你的言语（Verbal）必须更加干净。

虽然在电话谈判中"你看不见对方，对方也看不到你"，不过，我认识的一位谈判专家仍会穿上正装。他告诉我，这是他的"谈判秘诀"，因为他发现，当自己这样做时，就会更加自信。他可是在谈判桌上纵横几十年的老江湖了。

文字谈判：很多时候，人们也会用邮件、微信等方式进行文字谈判。有些人认为这种方式的沟通效率很低，不过，文字谈判也有它的优势。比如，对于一些不善言辞的谈判者来说，通过文字可以更精确、更有逻辑地表达自己的要求；谈判双方有更多思考、斟酌和做决策的时间；文字谈判也可以帮助大家节省时间，甚至可以利用碎片化时间进行。当然文字谈判的劣势也很明显，比如不好判断对方说话的语气，也不好判断对方的优先级和底线，但文字谈判可以作为其他谈判方式的补充，也可以在谈判之前或休会期间给对方"递纸条"。

其实任何一种谈判方式都有优势和局限，单纯从沟通方式的丰富性的角度来说，肯定是"现场＞视频＞电话＞文字"。就拿两个异地的情侣间吵架的情况来说，即便双方都已经非常熟悉了，如果你想消除误会，挽救这段关系，那么在微信上解释就不如直接打个电话，打电话又不如当面直接说。当然，沟通成本也会随着方式的不同而越来越高。如果对于相互熟悉和相爱的恋人而言，最好的沟通方式也是直接面谈，那么你怎么能指望依靠电子手段与谈判对手进行毫无障碍的交流呢？

当然，在现实中，是没法当面解决所有问题的，因此最好还是充分利用各种方式的组合，比如，在正式谈判前，通过邮件把你的主要议题发给对方，确定谈判的主要方向，同时也给谈判打下很好的基础；然后，在面对面的谈判中，你就可以聚焦于那些复杂棘手的问题。有时候，一次的面对面会议可能不够，双方会重新筹划和调整，这时候就可以通过视频和电话的方式对一些细节问题进行澄清和确认。最后，双方再次坐到一起，着手敲定所有的细节问题，并签字确认。大家需要做的，就是在不同情况下，采取合适的方式。

》》》 敲黑板：

1. 谈判其实既是一种工作方法，也是冲突管理的过程。在日常生活中，每个人都可以用谈判的思维方式和沟通技巧去化解冲突。

2. 孩子是天生的谈判高手。你可以留心观察一下身边的孩子是怎么沟通和谈判的，并分析一下他们涉及了哪些谈判方法。

3. 有时候，人们会处理一些买车、买房这类一次性的谈判，这就会涉及讨价还价的问题。不过，你仍可以尝试通过引入不同变量来重塑谈判的结构。

4. 利益受损时，很多人并不知道该如何正确投诉。要做的其实非常简单，不要等待对方给说法，而是提出具体的诉求和方案。

5. 对方的极限施压和反复无常其实证明，你手里一定有他急切想得到的东西,因此你一定要保持冷静和克制,做到不为所动。

6. 当谈判彻底被情绪左右时,不妨先从谈判桌上退下来,换个时间、换个地点,甚至换个人来谈。

7. 如果能很好地界定问题,可能不用让步就达成目标。关键在于,搞清问题的本质,对其进行分析和拆解,再以对方的视角提出解决方案。

8. 关于薪酬谈判的几项建议:提前做好功课,搞清谁做决策,提出具体诉求,不要太快反应,不要只是谈钱,更别只谈理想,制订发展计划,主动提出方案。

9. 遇到喜欢小题大做、咄咄逼人的对手,不要畏惧、不要纠缠、不要指责、不要给他舞台,很快他自己就会觉得没意思了。

10. 在面对不同文化背景的人的时候,不用去刻意强调文化差异,表达适度的尊重,保持谦卑,善于倾听,多问问题,不兜圈子,坦诚相待。

11. 学会识别不同人的性格类型,并在与他们所进行的沟通和谈判中,采取与之相适应的方式。

12. 谈判是一个跨学科的综合性问题,因此也很难通过一本书就覆盖谈判的方方面面。先解决普遍性问题——这也是攻克特殊性问题的基础。

附录

附录一 "三心二意"谈判心法

如果你看完整本书可能会说谈判三十六计怎么漏了一计,那现在这里就是最后一计,谈判的心法,即第三十六计:三心二意。

平常心

很多人会被"双赢"这样的思维局限住,想到双赢就会先想到确保自己赢。然而,这就是让人"想赢怕输",甚至诱发争强好胜的心态,反而阻碍了双方实现双赢,得不偿失。

有一次在课堂上我做了一个对比实验,有6组学员分别扮演甲乙双方的角色,同时就一个有关于利益分配的经典案例进行谈判。我告诉其中的3组,一定要争取自己的利益最大化,然后告诉另外3组,他们的对手其实在其他组,即甲方的对手是其他组的甲方,乙方的对手是其他组的乙方。最终的对比结果非常明显,尽力争取自己利益最大化的3组其谈判结果都非常差,其他3组最终达成的谈判结果却非常好。

好的谈判者需要有一颗平常心，忘掉输赢，专注自己的目标，同时也重视对方的目标。

同理心

只是重视对方的目标还不够，还要尝试去理解对方，设身处地地站在对方的角度思考问题。如果能跨过桌子去想问题，你提出的方案就更容易被对方接受。

如果不能做到设身处地，至少要对方感觉到你理解他或尝试理解他。一个永远可行的做法就是，永远认可对方，但同时永远不渴望得到对方的认可。

好奇心

好的谈判者要有空杯心态，不要先入为主，不要妄下结论，不要急于回应。尽量做到多听，多问，放慢节奏，驻足思考。同时，也不要禁锢自己的思维，不要预设禁区，要有"虽然不太可能，但不妨一试"的心态。

非常有意思的是，大家上桌之前，好奇心通常很膨胀，但一上桌就被彻底丢弃了。需要注意的是，玻璃心是好奇心的天敌。

"听"的能力与好奇心密切相关，这其实就是对谈判的阅读能力。人们普遍都欠缺这种能力，因此只有通过刻意练习才能获取。

创意

谈判既然是对双方商业模式和商业价值的重新赋能，就少不了创新。创新非常重要，在商务模式、销售模式、交付模式上都需要进行创新，而大部分的创新其实并非"从无到有"的颠覆式创新，更多是出自日常工作中。如何让两个人去完成通常需要三个人做的事？如何能把30天的交付期变成20天？在各项商务条款上，除了价格，实际上有很多可以发挥创意的地方。然而，在压力之下人们往往最缺乏创意，而在冲突和发怒时人真的会变笨，因此坐在谈判桌上时，双方其实都很难打开思路。这就需要在日常工作中，大家要拉着公司的小伙伴多开展几次表外条款的头脑风暴。做头脑风暴时，可以不决策，先发散，再收敛。好主意来自烂点子，创意源自发散和积累。

禅意

如果可以在谈判中"佛系"一些，往往会有意想不到的效果，比如懂得避重就轻：不争不辩，专注目标，学会借力打力：以彼之所取，换己之所需。

> **技巧36：三心二意。在谈判时可以用"三心二意"来建立自己的谈判心法，即：平常心、同理心、好奇心、创意、禅意。**

附录二 谈判"四有新人"

如果你是一个刚刚上谈判桌的新人,那我建议你可以从下面的几个方面着手,成为谈判桌上的"四有新人"。

有理想

清晰地知道自己要什么,并能在此之外包裹一层有灵活性的区域来保护核心诉求,如果可能,想想你有什么额外的需求是对方能满足你的。

有底线

清晰地知道自己的底线,不会因为对方的极限施压或自己的胜负心作祟而突破底线。在谈判桌上,没有底线,就是没有选择。

有问题

知道比争辩更好的是提出有价值的问题。尤其是在你身处劣势的时候,好的问题可以帮你转移压力,更深入地了解对方,多问问题,会有惊喜。

有方案

无论谈判室里是"风平浪静"还是"狂风暴雨",提出方案都是帮助你冲出重围的最有效办法,在谈判前就准备好你的"锦囊妙计",在关键时刻打开它们。

附录三　谈判三十六计

技巧 1：大道至简
技巧 2：水无常形
技巧 3：留有余地
技巧 4：时空转换
技巧 5：集思广益
技巧 6：沉默是金
技巧 7：听风辨器
技巧 8：鹦鹉学舌
技巧 9：见缝插针
技巧 10：欲擒故纵
技巧 11：开门见山
技巧 12：恩威并施
技巧 13：先入为主
技巧 14：不为所动
技巧 15：刨根问底
技巧 16：一针见血
技巧 17：小步慢跑
技巧 18：以退为进
技巧 19：投石问路
技巧 20：步步为营

技巧 21：借坡下驴
技巧 22：重整旗鼓
技巧 23：扮猪吃虎
技巧 24：避重就轻
技巧 25：借力打力
技巧 26：不左不右
技巧 27：化整为零
技巧 28：三思而行
技巧 29：有零有整
技巧 30：空手套白狼
技巧 31：不开先河
技巧 32：因势利导
技巧 33：逐步收敛
技巧 34：降低预期
技巧 35：硬话软说
技巧 36：三心二意

附录四 谈判八段锦

最后，借用传统的八卦图，我总结了一个谈判八段锦（8P Negotiation Diagram），以此概括谈判的不同阶段。希望大家可以用这个模型来帮自己掌控谈判：

1. PLAN 筹划：好好准备，这是谈判中最值得花时间和精力的地方，可以参见 5C 准备模型来进行相关的工作。

2. PREAMBLE 开局：设定谈判的主要议题，拿捏好信息的披露和交互。信息是有力量的，也是有价值的，不要随便透露你的信息，也不要因为害怕不敢透露你的信息，一切取决于这将如何影响对方的期望。

3. PROBE 切入：指出谈判的方向，通过开放性的问题了解对方的限制和灵活性，放开心态，打开耳朵，留心对方不经意间透露出的信号。

4. PROPOSE 提案：一旦准备就绪，主动出击，争取用你的提案为谈判打下第一个锚点。仔细斟酌你的提案，这是你推进谈判的唯一方式，避免提出不现实或过于具有攻击性的提案，从而让谈判开倒车。

5. PACKAGE 糅合：找出对方的诉求，审视自己的需求，尝试把两者糅合起来，以彼之所取，换己之所需。

6. PROCEED 推进：通过提出新条件和做出让步来推进谈判的进程，尽量不要做出无条件或单方面的让步，以退为进，步步为营。

7. PROTOCAL 协定：将达成的交易或方案锁定下来，在最后阶段尤其注意不要急于求成。仔细检阅和审视当下的协议，可以在内部做一轮最终的"拉通对齐"，避免出现没有预估到的风险或无法兜底的协定。

8. PRACTICE 实践：这是谈判的最终目的，再完美的协议如果无法落地，便无异于一张白纸。回顾和复盘之前达成的协议，它们在实践中执行得如何？关键的问题在哪里？可以如何优化和改善，这些实践和经验非常具有指导意义，能帮助我们不断提升以后在谈判中的表现和效果。

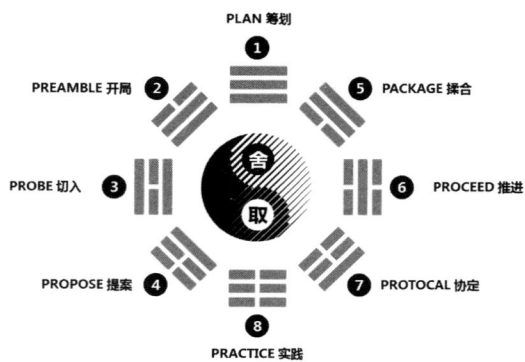

后记

本书能得以出版，首先要感谢在我的成长过程中所有培养过我的老师，是你们帮助我建立了良好的学习习惯和独立思考的精神；感谢我的学校中国科学技术大学和瑞典皇家理工学院为我打下的坚实基础和逻辑思辨能力；感谢我的老东家爱立信将我带入职场，并帮我养成了很好的职业习惯；感谢苏格兰坊给我的系统性的谈判培训和打磨；感谢华为作为我们的客户为我们提供了在全球各个地区进行商务谈判赋能、咨询和学习的机会；感谢其他客户为我们提供各行各业的经验和案例；感谢我在谈判中遇到的各位对手和朋友，感谢你们的职业精神和全力以赴，你们是我最好的"教练"和学习的榜样；感谢来自世界各地的学员，你们的专业精神，帮助我把过去的经验和理论打磨得日臻完善，在和你们的切磋中我也收获了很多的情谊和创意；感谢时代华语在本书的出版过程中给予的专业建议；感谢我的偶像罗伯特·巴乔（Roberto Baggio）先生，是你的精神鼓舞着我在黑暗中前行并战胜自己的弱点；感谢我的奶奶，你柔心弱骨的性格和坚忍不屈的精神让我看到柔软的力量和韧性；感谢我的儿子 Erik 小朋友对我的启发和理解，希望完成这本书后爸爸可以有时间多陪伴你的成长；感谢我的父母李连华先生和周慧芳女士将我带到这个美好绚丽但又充满冲突和变化的世界，并尽他们之力给我提供最好的教育机会，将此拙作献给你们。

希望此书能帮大家打开一扇通往谈判世界的大门，也希望大家能通过此书对谈判有全新的认识。不要害怕谈判，但也不要迷信谈判。通过谈判，每个人都能解决问题，化解冲突，争取更多，也创造更多。

要做到知行合一，知是前提，行是关键。不知无以致行，知而不行，不如不知。尤其是对谈判这样的实践科学和经验科学，希望大家在合上书本后能多去尝试和实践。需要说明的是，谈判没有既定的规律可循，也没有一成不变的程式或屡试不爽的方法。同时外部的环境也在不断变化，我们不能指望"一招鲜吃遍天"，应该打开自己的心，多去收集信息，了解对方，充分准备，发挥创意，多做尝试，经常反思。

当然世界上还有很多的谈判方法和技巧可以学习，但我建议大家在开始时先不要刻意追求"博采众家"和"兼收并蓄"，先按照目前的知识体系和技术框架，多练习，坚持"训战结合"。努力把知识变成技巧，让技巧形成习惯，再将其巩固为在压力之下也不会变形的习惯。然后，你可以逐步尝试带入其他东西，争取融会贯通。这一点也是我在给华为做咨询项目时从华为学习到的学习精神：先僵化，后优化，再固化。

本书更多是聚焦在商务谈判的场景，我们生活和工作中其实还有许多其他的谈判场景，比内部谈判、家庭谈判等。场景不一样，我们需要考量的因素就应该有相应的变化，不过谈判的基本沟通方式和技巧是相同的。很希望以后还有机会和大家进行更多的分享，如果你想更系统地学习我们各个阶段的谈判体系和100多个基于实战的谈判技巧，或者想下场训练你的谈判技能，欢迎联系我们。

Robi 李雪松

作者简介

李雪松先生是商务谈判领域的高级顾问和专家导师,具有丰富的跨国工作经历和实战谈判经验。

李雪松先生是极北光管理咨询公司的管理合伙人和苏格兰坊在华高级顾问,他同时也是多家跨国公司和机构的高级顾问。李雪松曾任某纳斯达克上市全球化IT咨询公司的销售副总裁兼通信事业部总经理,负责全球大客户和销售管理工作,在此之前李雪松先生曾供职于瑞典爱立信公司,在德国、中国、韩国等多个地域,研发、咨询、管理、销售等多个业务单元承担过重要职务。李雪松先生以卓越贡献被公司推选为下一代领导人,并任命为总裁青年顾问。由于和电信运营商、商业地产商、科技巨头、零售品牌的多年合作,李雪松先生积累了丰富的商业运营和谈判的实战经验。

李雪松先生为全球的多个企业提供全面的商务谈判的培训和咨询服务,他的学员来自电信、汽车、互联网、零售、医药、地产等行业,如华为、中兴、爱立信、诺基亚、中国移动、龙湖集团、太古地产、沃尔沃、宜家、施华洛世奇、历峰集团、百事可乐、辉瑞、雅培、诺和诺德、妮维雅、阿尔迪集团、苏拉集团、科莱恩集团、沙索化学、西格里、商汤科技、阿里巴巴、陌陌、OPPO、昂际航电、国泰航空、理想汽车、小鹏汽车、Linkedin、金融时报、华尔街见闻、NBA、观韬律所、瑞典商会、中国科技部等,其中包括销售、采购、交付、产品、运营、高管、人事、财务、法务、律师等各种职务的专业人员。

李雪松先生能说流利的英语和普通话，可以在世界各地用生动和具有启发性的方法提供商务谈判培训。他的记录一年350天行走在路上，每年围绕地球10圈，曾深入20多个国家和地区，为华为全球30多个系统部、地区部、代表处进行商务谈判的赋能和咨询工作。

李雪松先生本科毕业于中国科学技术大学，研究生毕业于瑞典皇家理工学院，有扎实的理工科背景和逻辑思辨能力。足球、旅行和摄影是他的激情所在，同时他也是一位咖啡和威士忌的爱好者，他曾全职经营过一家独立咖啡馆。

本书中的言论仅代表个人观点，和所供职单位无关。

李雪松老师的个人公众号：谈判砖家